陕西师范大学一流学科建设经费资助出版

集聚外部性与
中国城市和产业发展

王　猛◎著

中国财经出版传媒集团

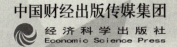

经济科学出版社
Economic Science Press

前　言

从结构看，国民经济是由众多的"条条"和"块块"所组成的。"条条"指各个产业，"块块"指各个城市（或更一般的区域）。城市和产业作为中观层面的生产组织形式，支撑起宏观层面的国民经济。城市和产业的又好又快发展，对中国经济的高质量发展至关重要。

城市和产业在空间上的最重要特征就是集聚。与分散布局相比，城市集聚、产业集聚能够带来额外的好处，就是所谓"集聚外部性"。集聚外部性会影响微观企业的生产函数，提升其经营绩效，并在城市或产业层面上表现为促进创新、出口等活动，最终推动经济增长。基于这一认识，本书从集聚外部性视角出发，试图探寻推动中国城市和产业发展的有效路径。

本书的核心内容分为三部分。第一部分为理论分析，基于新经济地理学理论构建模型，说明集聚外部性对城市、产业发展的影响机制。第二部分为集聚外部性影响中国城市发展的实证分析，研究发现城市集聚显著提升了城市劳动生产率，功能专业化有效促进了城市经济增长，城市集聚能够促进城市出口，创意阶层集聚能推动城市创新。第三部分为集聚外部性影响中国产业发展的实证分析，研究发现空间集聚显著推动了制造业增长，服务业集聚区有效促进了服务业企业创新并提升了企业绩效。

本书的研究表明，在现阶段，集聚外部性在中国经济中仍扮演着重要角色，其作用亟待更大程度地发挥。因此，政策的顶层设计中，应充分考虑如何通过城市集聚和产业集聚所提供的外部性，实现城市和产业的又好又快发展。

目　录

第一章

导　论

第一节　问题的提出

集聚是经济活动最突出、最普遍的空间特征。全世界或一个国家（地区）的人口和产业，从来不是均匀地分布于整个地表，而是集聚于局部区域。这种集聚表现为城市集聚、产业集聚等多种形式。

城市集聚方面，尽管迅捷的交通、便利的通讯、全球性的互联网络使远距离交往更加容易，仍有越来越多的人选择集聚于城市。21 世纪初，美国有 2.43 亿人口居住在仅占全国总面积 3% 的城市里；生活在日本东京及其周围的人口多达 3600 万人；印度孟买的中心城区居住着 1200 万人口。截至 2011 年，城市人口已经占到了全球总人口的一半以上（爱德华·格莱泽，2012）。

"第三意大利"① 在 20 世纪下半叶的快速发展，与中小企业在特定地点的集聚密切相关，此后产业集聚现象越发引起学术界的关注。今天，美国硅谷的高科技产业集聚、好莱坞的电影业集聚、纽约麦迪逊大道的广告业集聚，都成为产业集聚的典范。在中国沿海省份，服装、制鞋、家具、陶瓷和电子产品等产业，也呈现出集聚发展态势，甚至出现了以生产某一

---

① 指以艾米丽亚—罗马涅大区为核心的意大利东北部和中部，该地区在 20 世纪 70 年代受益于产业集聚，经济迅速崛起。

类产品闻名的产业集群，成为中国制造的重要载体。

市场经济中，人口和产业自主选择集聚于城市或特定地点，一定是由于集聚可以带来某些特别的收益。那么，与分散布局相比，经济活动的集聚会产生哪些额外的好处？这个问题，一直是城市经济学、产业经济学中长盛不衰的核心问题之一。本书从"集聚外部性"视角出发，试图就这一问题给出自己的回答。本书认为，集聚所带来的正外部性会影响微观企业的生产函数，提升其经营绩效，并在城市或产业层面上表现为促进创新、出口等活动，最终推动经济增长。基于这一认识，本书首先构造理论模型说明集聚外部性的作用机制，然后依据各类经验数据，采用计量经济方法，实证分析集聚外部性对中国城市和产业发展的影响。

本书探讨集聚外部性对中国城市、产业发展的影响，一方面出于现实需要，另一方面则基于其学术价值。从现实需要看，近年来"中国奇迹"得以产生的条件已经弱化，具体表现为数量型人口红利正在衰减，第一波全球化红利已经透支，以增量改革为特征的体制转型红利也基本释放完毕，中国经济所面临的结构性减速已是不争的事实。严峻形势下，发掘空间红利、合理利用集聚外部性已成为中国城市和产业发展的重要着力点。但政策层面对集聚外部性的作用仍存有疑虑，例如，"十二五"规划提出"特大城市要合理控制人口规模"，而非学术界所主张的开放特（超）大城市的户籍管制（陆铭，2016）。本书从集聚外部性视角对中国城市和产业发展问题加以分析，力图为相关政策制定提供有益参考。

从学术价值看，区域科学、城市经济学、新经济地理学和产业经济学等学科都关注集聚外部性问题，至今积累了大量文献，但结合中国城市和产业发展的研究仍有待加强。中国经济的快速崛起，吸引了来自经济学领域的热切目光，为证实或证伪各种经济学理论提供了良好的试验场（Au and Henderson，2006）。因此，本书将普遍的经济学理论与特殊的中国经济实践相结合，研究集聚外部性对中国城市、产业发展的影响，就经济学理论的检验、修正和拓展而言，具有一定的学术价值。

第二节 文献述评

一、集聚外部性

(一)"第二自然"

集聚现象支配着当今的世界经济地图(Fujita and Thisse,2002)。罗森塔尔和斯特兰奇(Rosenthal and Strange,2004)指出,在任何一个发达国家,劳动和资本都高度集中于城市,不仅总体经济活动是集聚的,各个产业也在空间上高度集中。菲利普·麦卡恩(2010)也认为,产业的选址行为有两个特征:一是绝大多数的行业活动在空间上都趋向于集聚;二是不同范围的经济活动发生在规模不同的城市中。针对北美、欧盟和亚洲的经验研究均显示,集聚是经济活动空间分布的最重要特征(Holmes and Stevens,2004;Combes and Overman,2004;Fujita et al.,2004)。集聚的测量可以从绝对规模、相对规模、密度、产业分布等多个角度进行(见表1-1)。

表1-1　　　　　　　　　　现有文献对集聚的测量

类型	指标	代表性文献
绝对规模	人口规模	陆铭等(2012)
	就业规模	欧和亨德森(2006)
相对规模	产出占比	李金滟、宋德勇(2008)
密度	人口密度	刘修岩、贺小海(2007)
	就业密度	范剑勇(2006)
产业分布	产业多样化	迪朗东和普加(2000),傅十和、洪俊杰(2008)
	产业专业化	迪朗东和普加(2000),樊福卓(2007)
	功能专业化	迪朗东和普加(2005)
	区位熵	梁琦(2004)
	空间基尼系数	梁琦(2004)
	EG指数	埃利森和格莱泽(1999),埃利森等(2010)

阿尔弗雷德·马歇尔用集聚外部性来解释集聚。他指出，企业集聚于"产业区"有三个好处：一是为具有专业化技能的工人提供集中的市场；二是促进专业化投入和服务的发展；三是从知识溢出中获益。正是劳动力共享、中间投入共享和知识溢出这三种集聚外部性吸引企业在空间上彼此邻近（Marshall，1920）。西托夫斯基（Scitovsky，1954）称前两种集聚外部性为货币外部性（pecuniary externalities），也可译为"金融外部性"（梁琦、钱学锋，2007），称第三种集聚外部性为技术外部性（technological externalities）。藤田和森（Fujita and Mori，2005）则称货币外部性为经济关联（economic linkages），并泛指一切传统经济活动所产生的关联；称技术外部性为知识关联（knowledge linkages），特指知识、技术的交流与外溢所产生的关联。

胡佛（Hoover，1948）按产业范围的不同，将集聚外部性划分为地方化经济（localization economies）和城市化经济（urbanization economies），前者指同一产业的企业集聚所产生的外部性，与产业规模有关；后者指分属不同产业的企业集聚所产生的外部性，与地区整体经济有关。在一篇综述性文献中，迪朗东和普加（Duranton and Puga，2004）提出了三种集聚外部性：共享（sharing）、匹配（matching）和学习（learning）。共享机制包括不可分设施的共享、多元化中间产品供应的共享、分工收益的共享以及风险的共享；匹配机制是指集聚提高了匹配的预期质量、增加了匹配的概率，以及减轻了要挟问题；学习机制则指出，集聚会促进知识的产生、扩散和积累。与经典的马歇尔来源不同，这种按照不同的机制所划分的集聚外部性更具有理论上的普适性。梁琦（2004）也提出了三个层面的集聚外部性：运输成本、规模经济和马歇尔外部性是第一层面，属于推动集聚的基本因素；地方需求、产品差别化、市场关联和贸易成本属于推动集聚的市场因素，为第二层面；第三层面则是知识溢出。现有研究对集聚外部性的分类如表1-2所示。

无论理论上有多少种分类，集聚外部性都在集聚的形成中扮演"第二自然"（second nature）的角色，以示与作为"第一自然"（first nature）的要素禀赋相区别（Ottaviano and Thisse，2004）。在比较优势理论、赫克歇尔—俄林理论看来，自然资源、地理位置和气候等外生变量决定了产业的

表 1-2   现有文献对集聚外部性的分类

代表性文献	集聚外部性 I	集聚外部性 II
马歇尔（1920）	劳动力共享、中间投入共享	知识溢出
西托夫斯基（1954）	货币外部性	技术外部性
迪朗东和普加（2004）	共享机制、匹配机制	学习机制
梁琦（2004）	第一层面	第三层面
藤田和森（2005）	经济关联	知识关联

区位选择，经济是分散还是集聚取决于这些外生变量的空间分布情况，这种观点也得到了发达国家数据的支持（Kim，1999；Ellison and Glaeser，1999）。藤田和森（2005）则认为，"第一自然"对集聚的影响只能在基于完全竞争的理论范式中得到解释，其作用是有限的；从现代经济发展的现实来看，"第二自然"的作用更为强烈。

经验研究比较了要素禀赋、集聚外部性这两种集聚动力的相对重要性。埃利森等（Ellison et al.，2010）基于美国经济普查数据，考察劳动力共享、中间投入共享、知识溢出对制造业共聚程度的影响，以验证集聚外部性的有效性。结果发现，这三种集聚外部性对共聚指数的影响之和大于自然资源的作用，说明集聚外部性是决定集聚的更为重要的因素。关于中国经济集聚动因的经验研究中，也发现集聚外部性的作用更重要。韩峰和柯善咨（2012，2013）探讨了中国 284 个地级及以上城市的制造业集聚机制，发现专业化劳动力、中间投入品可得性、研发溢出和市场潜能等集聚外部性都显著促进了制造业集聚，而且供给与需求的空间外部性已超越比较优势成为制造业集聚的主要来源。

（二）货币外部性与集聚

货币外部性包括劳动力共享、中间投入共享、本地市场效应等多种形式，其特征在于通过价格机制降低企业的成本。货币外部性基于不完全竞争、规模报酬递增的经济现实，来源明确而且福利效应清晰，容易模型化（Krugman，1991）。正因如此，现有研究在货币外部性方面积累了大量文献。古典区位理论较早讨论货币外部性。韦伯（Weber，1929）指出，工厂集聚在一处，是因为可以获得更多的收益，或节省更多的成本。勒施

（Lösch，1939）认为，产业区位的决定性因素是市场的需求。霍特林（Hotelling，1929）也认为，寡头企业集中于一个区位，是为了占有市场，以实现利润最大化。

新经济地理学对货币外部性的模型化，主要基于 D - S 一般均衡框架。按集聚机制的不同，这一思路的模型可分为三类（梁琦、钱学锋，2007）。一是要素流动模型，强调本地市场效应和要素空间流动的互动形成了集聚。克鲁格曼（Krugman，1991）的核心—边缘（core-periphery）模型指出制造业劳动力的流动是集聚的基本来源。鲍德温等（Baldwin et al.，2003）的自由资本（footloose capital）模型中，资本是可流动的要素，然而资本所有者在地区间不能流动。奥塔维亚诺（Ottaviano，2001）提出的自由企业家（footloose entrepreneur）模型中，能够跨区域流动的要素变成了蕴藏人力资本的企业家。二是垂直关联模型，强调在垂直生产结构中，前后向关联导致上下游企业集中在同一区位。这一类模型在要素流动模型的基础上引入垂直关联，以说明集聚是本地市场效应与垂直关联互动的结果，主要包括克鲁格曼和维纳布尔斯（Krugman and Venables，1995）的核心—边缘垂直关联（core-periphery vertical linkages）模型，以及罗伯特－尼库（Robert-Nicoud，2002）的自由资本垂直关联模型（footloose capital vertical linkages）。三是要素累积模型，强调导致集聚的因素并非要素流动，而是要素的累积和耗散。鲍德温（1999）的资本创造（constructed capital）模型中，资本在地区间并不流动，资本存量增加地区的总支出也增加，进一步促进该地区的资本累积。

D - S 框架清晰地刻画了货币外部性导致集聚的机制，但其存在需求弹性不变、需求弹性等于替代弹性、制造品有对称性等不合现实的假定。为此，奥塔维亚诺等（2002）利用有二次效用的拟线性效用函数和线性运输成本，构建了 OTT 框架。基于该框架的模型引入了预竞争效应，从另一视角解释了货币外部性与集聚间的关系。

众多经验研究证实了货币外部性对集聚的作用。迪迈等（Dumais et al.，1997）基于美国 3 分位制造业数据的回归分析表明，劳动力共享促进了企业集聚。罗森塔尔和斯特兰奇（2001）研究 400 多个制造业部门后发现，劳动力市场、中间投入和运输成本是美国制造业空间集中的主要动力。福斯利德和奥塔维亚诺（Forslid and Ottaviano，2003）利用 CGE 模型考察欧洲的产业区位，发现产业区位由消费市场接近性、供给市场接近性和要素市场接近性共同决定。戴维斯和温斯坦（Davies and Weinstein，1999）对日本产业的研究表明，本地市场效应是产业集聚的重要决定因素。范建勇和谢强强（2010）利用中国区域间投入产出表，发现本地市场效应推动了制造业集聚。贺灿飞等（2010）基于 2004 年经济普查所报告的省（区、市）产业面板数据，发现产业更加集聚于市场潜能较大的省（区、市）。

（三）技术外部性与集聚

技术外部性强调一种基于知识、技术或信息的交流、扩散的关联。智力跨越走廊和街道肯定比跨越海洋和大陆更容易（Glaeser et al.，1992），所以不存在垂直关联的企业间仍可通过彼此接近以获取相邻企业的知识存量。一方面，企业为寻求技术外部性而在地理上集中；另一方面，集聚企业的技术扩散加速了技术进步，从而吸引更多企业定位于该集聚区域。可见，技术外部性与集聚之间的关系并非单向，而是相互强化的内生关系。

然而，技术外部性与集聚之间的关系在理论建模上一直困难重重。主要原因在于技术外部性的理论基础尚不明晰，而且知识溢出难以识别和测度（Audretsch and Feldman，1996）。即便如此，仍有一些理论研究在这一方向上有所突破，这些文献可按知识的特征分为两类。一类文献关注垂直差异化知识的动态演进。基利（Keely，2003）的框架中，能创造新思想的知识是外生的，知识异质性则表现为垂直差异，结论表明集群与技能型工人规模正相关。另一类文献则关注水平差异化知识的动态演进。藤田（2007）、伯利安特和藤田（Berliant and Fujita，2008）建立的二人（two person）模型，描述了两个人之间知识创造和转移的微观过程。该模型不考虑市场因素，只考察经济人之间互动所产生的技术外部性，明确了知识创造过程中的两个关键：第一，知识异质性对人们成功地创造新思想非常重要；第二，知识创造过程通过共有知识的积累来影响知识异质性。

集聚和知识溢出的经验研究通常分离进行。集聚研究中，学者们在探讨集聚对生产率的影响时，往往将知识溢出视为"黑箱"，以外生变量的形式隐含于计量经济模型中（Henderson，1986）。知识溢出研究中，早期通常不考虑知识溢出的空间效应（Bernstein and Nadiri，1988；Jaffe，1989），后期开始关注地理对知识溢出效果的影响，但未清晰地展示集聚与知识外溢之间的互动关系（Adams and Jaffe，1996）。奥德里奇和费尔德曼（Audretsch and Feldman，1996）发现研发型产业的空间集中较为强烈，间接验证了知识溢出效应对产业集中的影响。贾菲等（Jaffe et al.，1993）则通过分析专利引用数据，提供了知识溢出促进产业集聚的直接证据。与上述经验文献不同，古（Koo，2005）充分考虑了集聚与知识溢出的互动关系，利用联立方程模型有效地控制回归模型中的内生性问题。基于美国159个大都市统计区建筑与采掘设备制造业、计算机与办公设备制造业数据的3SLS估计结果表明，与单方程估计相比，知识溢出对集聚的重要性大幅上升，集聚对知识溢出也有显著的解释力。该研究还表明，知识溢出对集聚的重要性远大于劳动力共享或中间投入共享。

二、集聚外部性的影响

集聚外部性可能对经济增长、出口、创新和企业绩效等一系列经济现象产生影响。这里仅综述集聚外部性对经济增长的影响，其他影响的文献述评见本书其他各章。

（一）理论研究

有关集聚外部性影响经济增长的理论研究，大致有两种思路：传统的区域和城市经济学关注集聚外部性对生产率的影响机理，并明确其作用范围；新经济地理学则基于内生增长理论，致力于建立集聚外部性推动经济增长的数理模型。

集聚外部性具有范围上的差异，有必要进行界定。罗森塔尔和斯特兰奇（2004）指出，集聚外部性的范围应当在三个维度上拓展：产业范围、地理范围和时间范围。集聚外部性的产业范围方面，马歇尔（1920）最早详细论述了地方化经济，"当一种工业这样选择了自己的地方时，它是会长久设在那里的；因此，从事同样的需要技能的行业的人，互相从邻近的地方所得到的利益是很大的"。与此相对，雅各布斯（Jacobs，1969）则强调城市化经济的重要性，认为城市中存在多个产业有助于思想之间的相互融合。集聚外部性的地理范围强调，集聚外部性随着距离的增加而减弱：如果经济主体在空间上接近，则相互交往的可能性会增大。集聚外部性时间范围的核心问题是，集聚外部性是动态的还是静态的。此外，集聚外部性能发挥多大的作用还受到一些因素的影响，这些因素包括企业竞争、城市竞争和产业组织等。对竞争的作用，波特（Porter，1990）予以充分肯定，认为竞争会鼓励企业创新，因此对任何的产业集群而言，竞争压力提高了生产率。萨克森尼安（Saxenian，1994）强调产业组织的作用，她比较了美国硅谷和波士顿 128 号公路，认为两者差异的主要原因是本地产业组织和文化的不同。

新经济地理学发展出多个理论模型来解释集聚外部性对增长的作用机制，其中以马丁和奥塔维亚诺（Martin and Ottaviano，1999）提出的全域溢出（global spillovers）模型和鲍德温等（2001）提出的局部溢出（local spillovers）模型最具代表性。这两种内生增长模型中，知识资本的长期积累决定于资本创造部门的学习效应。公共知识资本存在于资本创造过程中，使当前的资本创造者通过学习效应从过去的资本创造者处获益。全域溢出模型中，溢出效应在所有地方得到同等利用，长期均衡区位对长期经济增长没有影响，即内部对称均衡、核心—边缘均衡两种状态的经济增长率相同。而局部溢出模型中，溢出效应具有地区性，随距离的增大而减弱，导致长期均衡区位会影响长期的经济增长速度，此时核心—边缘均衡的经济增长率大于内部对称均衡的经济增长率（安虎森，2009）。

（二）经验研究

集聚外部性影响经济增长的经验研究，可按被解释变量的类型分为三类：第一类直接考察集聚对产出水平的影响；第二类探讨集聚对生产率（劳动生产率、全要素生产率）的作用；第三类则估计集聚对就业、资本积累、工资和地租等要素规模或要素报酬的影响。

1. 集聚外部性与产出水平

探讨集聚外部性与产出水平的代表性文献，涉及专业化（马歇尔外部性）和多样化（雅各布斯外部性）作用的争论。格莱泽等（1992）则用城市某一特定产业的就业份额来衡量城市专业化，分析了1956年城市前5名的产业在1956～1987年的增长，结果表明专业化生产即马歇尔外部性对地区经济增长的作用为负，而多样化生产和企业竞争即雅各布斯外部性则有利于城市增长。亨德森等（1995）利用1970年、1987年美国224个大都市区数据，研究3个高科技产业和5个成熟产业的增长，发现成熟产业中仅存在马歇尔外部性，而高科技产业中同时存在两种外部性。

吴福象和刘志彪（2008）利用1978～2006年长三角城市群数据的经验研究表明，当要素在区域间能自由流动时，一些优质要素主动向大城市集聚，而普通要素则选择向小城市集中，结果提高了城市群要素积聚的外部经济性，提高了城市群研发创新的效率，促进了经济增长。李煜伟和倪鹏飞（2013）利用1990～2008年中国部分城市数据和向量自回归模型，实证检验了外部性和运输网络对城市群经济增长的作用。结果表明，运输网络的改善将加速中心城市的要素集聚，而降低非中心城市间的运输成本，有利于非中心城市对外部性的应用并加速其经济增长，促进其与中心城市的协同增长。柯善咨和赵曜（2014）构建了一个生产性服务业—制造业关联的城市集聚效应模型，分析产业结构和城市规模对人均GDP的协同影响机制，估计与产业结构相适应的最优城市规模以及在城市规模约束下产业结构转变的边际效益。研究发现，生产性服务业—制造业结构对人均GDP产生影响需要城市达到一定的门槛规模，同时城市规模增大的边际效益随产业结构向服务业转变而增加。

2. 集聚外部性与生产率

大部分经验研究发现了集聚外部性与生产率间的正向线性关系。中村（Nakamura，1985）利用日本的数据，同时考察了地方化经济和城市化经济对生产率的相对影响，发现产业规模倍增使生产率提高4.5%，城市人口倍增则导致生产率提高3.4%。亨德森（1986）对美国、巴西的经验研究中，发现了地方化经济的大量证据，城市化经济的证据却并不明显。范剑勇（2006）利用2004年中国城市数据，发现非农就业密度显著促进了非农劳动生产率，弹性系数在8.8%左右。柯善咨和姚德龙（2008）利用2005年截面数据，分析地级城市的工业集聚和劳动生产率的关系，结果表明，中国工业的相对集聚和劳动生产率互为因果、互相强化，同时工业集聚和劳动生产率在相邻城市间有明显的空间粘滞性和连续性。陈良文等（2008）基于北京市 2004 年经济普查数据，发现经济密度与劳动生产率之间存在显著的正向关系，劳动生产率对产出密度、就业密度的弹性分别为 11.8% 和 16.2%，高于欧美平均水平。傅十和、洪俊杰（2008）利用中国 2004 年经济普查中的制造业企业数据，估计了地方化经济和城市化经济对不同规模的制造业企业绩效的影响，结果表明，集聚经济的影响同企业规模和城市规模密切相关：不同规模的企业在不同规模的城市中受益于不同种类的集聚经济。这一结果也表明，以往关于集聚经济的经验结果相互冲突的重要原因是忽略了企业规模和城市规模的影响。刘修岩（2010）利用 2001~2007 年城市面板数据的分析表明，城市的就业密度对其非农劳动生产率存在着显著的正向影响。余壮雄和杨扬（2014）依据 1998~2007 年工业企业数据，利用基于格点搜索的回归验证城市的集聚效应，结果表明，集聚效应是解释中国大城市生产率优势的基本原因。

也有经验研究指出集聚外部性与生产率之间的关系是非线性的。欧和亨德森（2006）利用中国城市数据的研究发现，城市规模与净城市集聚经济之间存在倒"U"型关系，且产业结构（用第二、第三产业增加值之比表示）不同的城市具有不同的规模—效益曲线。苏红键和赵坚（2011）利用 2003~2008 年面板数据，分析了中国城市产业专业化和职能专业化特征，并考察两类专业化对城市经济增长的影响。结果表明，在全国范围内，两类专业化水平与城市经济增长均呈现显著的倒"U"型关系，存在着促进经济增长的最优专业化水平。陆铭和向宽虎（2012）利用中国城市面板数据，考察了到区域性大城市的距离对第三产业劳动生产率的影响，发现第三产业劳动生产率与到大城市的距离之间存在"U"型关系，即随着到大城市距离的增加，第三产业的劳动生产率先下降后上升。此外，区域性大城市对周边城市服务业劳动生产率的影响的显著性要大于制造业。结论表明，向大城市周边的空间集聚对于服务业发展非常重要。周圣强和朱卫平（2013）基于 1999~2007 年中国 60 个城市数据，用门限回归方法研究发现，集聚度与城市工业 TFP 间存在倒"U"型关系，2003 年及以前集聚的规模效应占主导，此后拥挤效应开始显现。

3. 集聚外部性与要素规模、要素报酬

有经验研究探讨了集聚外部性对要素规模的影响。罗森塔尔和斯特兰奇（2002）观察到，城市化与全职工人的工作时间正相关，他们利用人口普查数据，使用差分法检验竞争效应的存在，研究表明，职业工人在同行高度集中的区位都工作更长时间，这证实了城市鼓励努力工作。罗森塔尔和斯特兰奇（2003）用企业规模表示不同的产业组织模式，发现小企业增加 1 个雇员对本地新企业的形成、就业有积极影响，这在大企业中则不显著。这表明小企业可能更为灵活，对周围的企业更为开放，进而形成较好的邻里关系。陆铭等（2012）研究了城市规模的就业效应，发现城市规模每扩大 1%，个人的就业概率平均提高 0.039 ~ 0.041 个百分点。此外，较高技能和较低技能组别的劳动力均从城市规模的扩大中得到了好处，其中较低技能组别劳动力的受益程度最高。柯善咨和赵曜（2012）用资本流动模型分析了城市规模对资本积累的影响机制，并利用 2003 ~ 2009 年中国县级以上城市面板数据进行经验分析，结果表明集聚外部性导致大城市以更高的效率吸收资本，城市规模增长促进了资本深化，人口规模增加 1% 推动城市人均资本存量平均增加 0.22%。

也有经验研究关注集聚外部性对要素报酬的作用。格莱泽和马雷（Glaeser and Maré，2001）用工资贴水表示集聚经济，发现长期居住在大城市的工人相对于新进入同一城市的工人存在工资贴水，而且当他们离开所在城市时，原来所在城市规模越大，在新城市的工资就越高。这也为集聚经济有动态性提供了证据。程开明（2011）利用 2003 ~ 2008 年 286 个城市的数据，考察城市规模扩大对城乡收入差距的影响，发现总体上看城市规模显著减小了城乡收入差距，说明城市在集聚的同时通过扩散机制反哺农村。杨仁发（2013）利用 2003 ~ 2010 年 269 个城市数据，探讨制造业集聚、服务业集聚对城市工资水平的影响，发现制造业集聚显著抑制城市工资，生产者服务业集聚对城市工资影响不显著，而消费性服务业、公共性服务业集聚显著促进城市工资水平。高虹（2014）的研究则表明，城市规模扩大 1% 使名义劳动收入提高约 0.2%，收入最低劳动力组收益相对较小。

第三节　本书的研究内容、方法和结构

一、研究内容

基于上述文献，我们可以刻画本书所论述的集聚、集聚外部性以及城市和产业发展三者之间的关系。一方面，集聚与集聚外部性之间存在相互强化的内生关系：经济从对称均衡向集聚的突变可能源自"历史的偶然"（Krugman，1991），然而集聚过程一旦开始，就会产生集聚外部性；集聚外部性将吸引更多的人口和产业，反过来使集聚得以进一步加强。另一方面，集聚外部性表现为货币外部性和技术外部性，既通过价格体系放大市场规模、降低生产成本和消费品价格指数，又经由知识溢出加速技术扩散和进步，结果是有效提升企业绩效，进而在城市和产业层面上促进了出口、创新乃至经济增长（见图 1-1）。

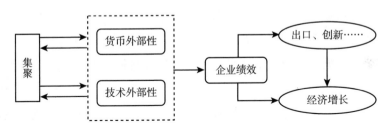

图 1-1　集聚外部性图解

有必要介绍本书对核心解释变量"集聚"的界定。集聚指经济活动在空间上的集中，本书中"集聚"与"经济集聚""空间集聚"通用，三个概念在内涵和外延上完全相同。所涉及的其他集聚概念，如城市集聚（包括城市功能专业化、创意阶层集聚）、产业集聚（包括制造业集聚、服务业集聚）等，均应视为集聚的子概念。① 参考现有文献，本书对集聚程度

---

① 按《新帕尔格雷夫经济学大辞典》的解释，城市集聚（urban agglomeration）指城市经济活动的空间集中，既表现为城市中的产业集群，也表现为城市中的就业中心。参见 The New Palgrave Dictionary of Economics Online，http：//www. dictionaryofeconomics. com/article？id = pde2008_U000064。

的测量，多从密度、产业分布等角度进行。

另外需要说明的是，集聚外部性既包括货币外部性、技术外部性等正外部性，也包括拥挤效应等负外部性。如无特殊说明，本书中的"集聚外部性"专指集聚的正外部性。

二、研究方法

本书结合区域科学、城市经济学、新经济地理学和产业经济学等学科的研究成果，重视研究方法的规范性、合理性，符合现代经济学严谨、科学的特征。研究过程中，大量采用文献比对、数理模型、描述性统计、回归分析等方法。

集聚外部性影响中国城市、产业发展的实证，主要采用回归分析方法进行。首先，构造以集聚为核心解释变量，以出口、创新、增长或企业绩效为被解释变量的回归模型；其次，进行参数估计；最后，基于核心解释变量系数的正负及统计显著性，判断是否存在集聚外部性。如果核心解释变量的估计系数显著为正，表明集聚外部性促进了中国城市或产业发展。

参数估计主要采取以下方法：一是常规估计方法。对问卷调查所获取的企业截面数据，以及城市、产业层面的面板数据，通常采用普通最小二乘法（OLS）、固定效应（FE）或随机效应（RE）等常规方法进行估计。二是空间计量方法。针对区域和城市经济中特有的空间关联问题，在部分实证章节的参数估计中采用空间滞后模型（SLM）、空间误差模型（SEM）等空间计量方法。三是内生性的处理方法。回归模型往往存在遗漏变量、反向因果（联立性）等原因导致的内生性问题，本书尝试使用工具变量（IV）、倾向得分匹配（PSM）、联立方程模型等方法，以消除或缓解内生性。

三、本书的结构

基于本书的研究内容和方法，各章具体安排如下：

第一章为导论。提出所要研究的问题，对相关文献进行评述，并简述本书的研究内容、方法和结构。

第二章为理论分析部分。基于新经济地理学理论构建模型，说明集聚外部性对城市、产业发展的影响机制。首先，分析集聚外部性对经济增长的影响；其次，考察集聚外部性对创新的影响；最后，明确集聚外部性的作用范围。

第三章至第六章实证分析集聚外部性对中国城市发展的影响。其中，第三章基于 2003～2011 年 204 个城市面板数据，在考虑城市间空间溢出的同时，研究集聚外部性对城市劳动生产率的影响，为中国城市间的劳动生产率差异提供一种经济集聚视角的解释。

第四章关注"中心城市集聚服务功能，外围城市集聚生产功能"的城市功能专业化问题，并基于 2003～2011 年长三角城市群 16 个城市面板数据进行实证分析，发现城市功能专业化有效促进了经济增长，证实功能专业化亦具有集聚外部性。

第五章基于 2005～2011 年 204 个城市面板数据，构造联立方程模型处理内生性，发现了城市集聚和出口相互强化、相互促进的共生机制。结果表明，集聚外部性能够促进中国城市出口。

第六章构建创意者居住选择模型，揭示了创意阶层集聚通过技术外部性推动城市创新的理论机制，并基于 2007～2012 年 20 个大城市面板数据，验证了技术外部性对城市创新的积极影响。

第七章至第九章的研究对象切换到产业，实证研究集聚外部性对中国产业发展的影响。其中，第七章结合产业转移问题，基于 2003～2011 年长三角城市群的 21 个行业面板数据，实证分析集聚外部性对制造业增长的影响。

第八章进一步分析服务业。在江苏 9 个服务业集聚区，采集 2013 年 939 家服务业企业截面数据，在考虑全球价值链作用的同时，估计集聚外部性对企业创新的影响。

第九章基于第八章数据，在考虑关联效应的同时，估计服务业集聚区提供的集聚外部性对企业绩效的影响；进一步地，将集聚外部性视为集聚租，在考虑政府提供的政策租的同时，估计集聚租对企业绩效的影响。

第十章为本书结语。梳理全书理论和实证分析的结论，在此基础上提出推动中国城市、产业发展的政策建议，并展望进一步研究的方向。

第二章

理论框架

第一节 基准模型

本节基于鲍德温等（2001）所提出的局部溢出模型，考察集聚外部性影响经济增长的理论机制。该模型是标准的 $2 \times 2 \times 2$ 模型：两个区域，分别为北部和南部，两区域初始的要素禀赋、偏好、技术和开放程度都是对称的；两个部门，分别为完全竞争的农业部门和垄断竞争的工业部门，其中，农业部门的规模报酬不变，工业部门表现为规模报酬递增；两种要素，即劳动和资本，这里的资本指知识资本，新的资本生产利用劳动来进行。

一、消费者行为

假设所有消费者的偏好相同。消费者具有双重效用函数：第一层效用函数为柯布—道格拉斯型，表示消费者将总支出按比例购买农产品和工业品时的效用；第二层效用函数为不变替代弹性（CES）型，表示消费者消费差异化工业品时的效用。消费者的效用函数为：

$$U = C_M^\mu C_A^{1-\mu}, C_M = \left[\int_{i=0}^{n+n^*} c_i^\rho \mathrm{d}i \right]^{1/\rho} = \left[\int_{i=0}^{n+n^*} c_i^{(\sigma-1)/\sigma} \mathrm{d}i \right]^{\sigma/(\sigma-1)} \quad (2.1)$$

其中，C_M、C_A 分别表示消费者对差异化工业品组合和农产品的消费；c_i 表示对第 i 种工业品的消费量；n、n^* 分别表示北部和南部工业品种类的数量；μ 为在工业品上的支出份额，且 $\mu \in (0, 1)$；$\rho \in (0, 1)$ 为消费偏好的多样化程度，且取值越小则多样化偏好越强；σ 为消费者的替代弹性。σ 与 ρ 之间有如下关系：$\sigma = 1/(1 - \rho)$。

用 P_A、p_i 分别表示农产品价格、工业品价格，Y 表示消费者收入，则效用最大化的约束条件为：

$$P_A C_A + \int_{i=0}^{n+n^*} p_i c_i \mathrm{d}i = Y \tag{2.2}$$

此消费者的效用最大化问题通常分两步处理。第一步，消费者在消费工业品组合 C_M 时支出最小，即：

$$\min_{c_i} \int_{i=0}^{n+n^*} p_i c_i \mathrm{d}i, \text{ s. t. } C_M = \left[\int_{i=0}^{n+n^*} c_i^\rho \mathrm{d}i \right]^{1/\rho} \tag{2.3}$$

构造拉格朗日函数，求得该问题的解（即消费者对工业品 i 的需求函数）为：

$$c_i = p_i^{1/(\rho-1)} C_M \Big/ \left[\int_{i=0}^{n+n^*} p_i^{\rho/(\rho-1)} \mathrm{d}i \right]^{1/\rho} \tag{2.4}$$

由此，得到消费者对工业品的总支出：

$$\int_{i=0}^{n+n^*} p_i c_i \mathrm{d}i = \left[\int_{i=0}^{n+n^*} p_i^{\rho/(\rho-1)} \mathrm{d}i \right]^{(\rho-1)/\rho} C_M \tag{2.5}$$

式（2.5）右边第一项为工业品价格指数 P_M，即：

$$P_M = \left[\int_{i=0}^{n+n^*} p_i^{\rho/(\rho-1)} \mathrm{d}i \right]^{(\rho-1)/\rho} \tag{2.6}$$

第二步，消费者在农产品和工业品组合间选择，即：

$$\max_{C_M, C_A} C_M^\mu C_A^{1-\mu}, \text{ s. t. } P_A C_A + P_M C_M = Y \tag{2.7}$$

构造拉格朗日函数，求得该问题的解（即消费者对农产品和工业品组合的需求函数）为：

$$C_M = \mu Y / P_M, C_A = (1-\mu)Y / P_A \tag{2.8}$$

把式（2.6）及式（2.8）中的 $C_M = \mu Y / P_M$ 代入式（2.4），工业品 i 的需求函数可简化为：

$$c_i = \mu Y p_i^{-\sigma} / P_M^{1-\sigma} \tag{2.9}$$

二、厂商行为

两区域的劳动禀赋长期内保持不变。农业部门使用劳动生产同质化产品，1 单位农产品生产需要 a_A 单位的劳动，并且农产品交易没有贸易成本。工业部门中资本是固定投入，劳动是可变投入，且生产 1 单位差异化工业品需使用 1 单位资本和 a_M 单位劳动，工资率为 ω_L，资本收益率为 π，则厂商生产 x 单位的成本为 $\pi + \omega_L a_M x$。工业品在区域内交易无成本，在区域间交易存在"冰山成本" τ（$\tau > 1$），即运送 1 单位产品仅有 $1/\tau$ 单位运达目的地。

工业品部门满足迪克西特—斯蒂格利茨垄断竞争框架。每个工业品厂商规模较小，对式（2.9）中分母的影响可以忽略。产品是差异化的，厂商间不存在策略性的共谋。

对生产工业品 i 的厂商而言，其利润为：

$$\pi_i = p_i x_i - (\pi + \omega_L a_M x_i) \tag{2.10}$$

在不存在储蓄的情况下，收入等于支出，即 $Y = E$，则根据式（2.9）得到经济系统对该厂商产品的总需求为：

$$x_i = \mu Y(p_i^{-\sigma}/P_M^{1-\sigma}) = \mu E(p_i^{-\sigma}/P_M^{1-\sigma}) \tag{2.11}$$

厂商的利润最大化问题为：

$$\max_{p_i} p_i x_i - (\pi + \omega_L a_M x_i), \quad \text{s. t.} \ x_i = \mu E(p_i^{-\sigma}/P_M^{1-\sigma}) \tag{2.12}$$

构造拉格朗日函数，求得该问题的解（即工业品 i 的价格）为：

$$p_i = \omega_L a_M/(1 - 1/\sigma) \tag{2.13}$$

式（2.13）表明，工业品价格与其种类无关。因此，所有工业品的价格都是一样的，即有 $p = p_i$。

就资本的生产而言，生产 1 单位资本需要 a_I 单位劳动投入，资本生产中存在学习曲线，即生产单位资本的成本随资本的积累而下降（资本溢出会提高学习效应）。因此，资本生产部门的 a_I 随产出增加而逐渐下降。

资本的生产成本在区域间各不相同，北部和南部（加 * 表示南部）的资本生产成本分别为：

$$F = \omega_L a_I, \quad F^* = \omega_L a_I^* \tag{2.14}$$

北部和南部分别生产 K、K^* 单位资本的劳动投入为：

$$a_I = 1/(K^w A), \quad A = s_K + \lambda(1 - s_K) \tag{2.15}$$

$$a_I^* = 1/(K^w A^*), \quad A^* = \lambda s_K + (1 - s_K) \tag{2.16}$$

式（2.15）、式（2.16）中，$K^w = K + K^*$，$s_K = K/K^w$；λ 度量公共知识在区域间传播的自由程度。考虑到知识尤其是隐性知识（tacit knowledge）、黏性知识（sticky knowledge）具有地方性特征，其传播受到地理空间的限制，λ 的取值范围是 $0 \leqslant \lambda < 1$，取值越大表明自由程度越高。[①]

北部和南部资本创造部门的劳动分别为 L_I、L_I^*，则其资本增量分别为：

$$\dot{K} = L_I/a_I, \quad \dot{K}^* = L_I^*/a_I^* \tag{2.17}$$

由式（2.15）～式（2.17）可知，北部和南部的资本增长率分别为：

$$g = L_I A/s_K, \quad g^* = L_I^* A^*/(1 - s_K) \tag{2.18}$$

资本的折旧率用 δ 表示。

三、短期均衡

在短期中，市场完全出清，消费者实现效用最大化，厂商实现利润最大化。此外，区域资本存量不变，资本的空间分布 s_K 是固定的，意味着两区域的资本增长率必须相等。

（一）资本收益率

考虑北部的一个厂商。该厂商在北部的销售量为 c，价格为 p；在南部

[①] 知识资本产出分为私人知识和公共知识。前者可获得专利并出售给其他厂商，假设其在区域间不能流动；后者无法获得专利，通过广泛传播被其他厂商吸收。参见安虎森（2009），第205、219 页。

的销售量为 c^*，价格为 $p^* = \tau p$，则厂商的销售收入为：

$$px = pc + p^*c^* = p(c + \tau c^*) \qquad (2.19)$$

根据式（2.9）的需求函数，可知北部和南部市场对厂商产品的需求量为：

$$c = \mu E p^{-\sigma} P_M^{-(1-\sigma)}, \quad c^* = \mu E^* (\tau p)^{-\sigma} P_M^{*-(1-\sigma)} \qquad (2.20)$$

根据式（2.6）的价格指数，有：

$$P_M^{1-\sigma} = \int_0^{n^w} p^{1-\sigma} \mathrm{d}i = n^w p^{1-\sigma}[s_n + \varphi(1-s_n)] \qquad (2.21)$$

$$P_M^{*1-\sigma} = \int_0^{n^w} p^{1-\sigma} \mathrm{d}i = n^w p^{1-\sigma}[\varphi s_n + 1 - s_n] \qquad (2.22)$$

其中，$n^w = n + n^* = K^w$，$s_n = n/n^w = s_K$，$\varphi = \tau^{1-\sigma}$。

将式（2.20）~式（2.22）代入式（2.19），有：

$$px = \mu \frac{E^w}{n^w} \left[\frac{s_E}{s_n + \varphi(1-s_n)} + \frac{\varphi(1-s_E)}{\varphi s_n + 1 - s_n} \right] = \mu B \frac{E^w}{n^w} \qquad (2.23)$$

其中，$E^w = E + E^*$，$s_E = E/E^w$，$B = s_E/\Delta + \varphi(1-s_E)/\Delta^*$，$\Delta = s_n + \varphi(1-s_n)$，$\Delta^* = \varphi s_n + (1-s_n)$。

垄断竞争条件下，厂商获得零利润，有 $px = \pi + \omega_L a_M x$。结合式（2.13）和式（2.23），北部厂商的资本收益率为：

$$\pi = bB \frac{E^w}{n^w} \qquad (2.24)$$

其中，$b = \mu/\sigma$。

同理可得，南部厂商的资本收益率为：

$$\pi^* = bB^* \frac{E^w}{n^w} \qquad (2.25)$$

其中，$B^* = \varphi s_E/\Delta + (1-s_E)/\Delta^*$。

（二）相对市场规模

对价格、工资变量进行标准化处理。农业部门用单位农产品价格作为计价单位，且假设 $a_A = 1$，则农产品价格和农业部门工资为：

$$p_A = p_A^* = \omega_L = \omega_L^* = 1 \qquad (2.26)$$

对工业部门，假设 $a_M = 1 - 1/\sigma$，则由式（2.13）可得工业品价格：

$$p = \omega_L = 1, \; p^* = \tau p = \tau \qquad (2.27)$$

就经济系统而言，要素总收入包括两部分：劳动收入 $\omega_L L + \omega_L^* L^* = L^w$；资本收益 $\pi s_n K^w + \pi^* (1 - s_n) K^w = bE^w$。创造资本所耗费的劳动 $K^w \bar{a_I}$（$\bar{a_I}$ 为整体经济的资本生产成本）有两个用途：以 $\delta K^w \bar{a_I}$ 补偿资本折旧；以 $gK^w \bar{a_I}$ 维持增长率为 g 的资本增长。

总支出为要素总收入减去创造资本所耗费劳动：

$$E^w = L^w + bE^w - (\delta + g) K^w \bar{a_I} \qquad (2.28)$$

北部的支出为：

$$E = s_L L^w + s_K bBE^w - (\delta + g) K a_I \qquad (2.29)$$

南部的支出为：

$$E^* = (1 - s_L) L^w + s_K bB^* E^w - (\delta + g) K^* a_I^* \qquad (2.30)$$

式（2.29）、式（2.30）相加，得到：

$$E^w = L^w + bE^w - (\delta + g) \left[\frac{s_K}{s_K + \lambda (1 - s_K)} + \frac{1 - s_K}{\lambda s_K + (1 - s_K)} \right] \qquad (2.31)$$

式（2.31）变形后有：

$$E^w = \frac{L^w - (\delta + g) \left[\dfrac{s_K}{s_K + \lambda (1 - s_K)} + \dfrac{1 - s_K}{\lambda s_K + (1 - s_K)} \right]}{1 - b} \qquad (2.32)$$

根据式（2.29）、式（2.32），得到北部的相对市场规模：

$$s_E = \frac{\dfrac{s_K b\varphi}{\Delta^*} + (1 - b) \dfrac{s_L L^w - \dfrac{(\delta + g) s_K}{A}}{L^w - (\delta + g) \left(\dfrac{s_K}{A} + \dfrac{1 - s_K}{A^*} \right)}}{1 - s_K b \left(\dfrac{1}{\Delta} - \varphi \dfrac{1}{\Delta^*} \right)} \qquad (2.33)$$

式（2.33）有明确的经济含义：资本存量在短期不变，但在长期会发生变动，因此资本增长率 g 会影响相对市场规模；由于存在规模报酬递增，资本份额较大的区域增长率较高，并进一步影响相对市场规模，体现出循环累积因果关系；知识传播的自由程度 λ 通过影响资本生产成本影响资本增长率，进而影响相对市场规模。

四、长 期 均 衡

在长期，资本的生产和折旧会导致北部、南部资本存量及相对资本份额的变化。当每个区域中单位资本的当期价值等于生产成本，即托宾 q 为 1 时，系统实现长期均衡，总资本存量 K^w、总支出水平 E^w、北部资本份额 s_K 和支出份额 s_E 等都不再变化。

资本的当期价值取决于折旧率、贴现率和资本增长率。对北部来说，单位资本的当期价值为：

$$v = \int_0^\infty e^{-\rho t} e^{-\delta t}(\pi e^{-gt}) \mathrm{d}i = \pi/(\rho + \delta + g) \qquad (2.34)$$

同理，南部单位资本的当期价值为：

$$v^* = \pi^*/(\rho + \delta + g) \qquad (2.35)$$

长期均衡有两种模式：一是内部均衡结构（$0 < s_K < 1$），两区域各有部分资本，并且资本增长率相同，此时 $q = v/F = 1$、$q^* = v^*/F^* = 1$；二是核心—边缘结构（$s_K = 1$），所有资本集中在一个区域（不失一般性，假设为北部），形成北部城市、南部农村的景观，此时 $q = 1$、$q^* < 1$。

长期均衡为对称的内部均衡时，$s_K = s_L = s_E = 1/2$，$B = B^* = 1$，此时的托宾 q 为：

$$q = \frac{v}{F} = \frac{\pi K^w A}{\rho + \delta + g} = \frac{b(1 + \lambda) E^w}{2(\rho + \delta + g)} = 1 \qquad (2.36)$$

根据式（2.32），有：

$$E^w = \frac{1}{1 - b}\Big[L^w - \frac{2(\delta + g)}{1 + \lambda}\Big] \qquad (2.37)$$

将式（2.37）代入式（2.36），得到对称均衡下的长期增长率：

$$g_{sym} = \frac{b(1 + \lambda)}{2} L^w - (1 - b)\rho - \delta \qquad (2.38)$$

长期均衡为核心—边缘结构时，$s_K = 1$，$A = 1$，$B = 1$，此时的托宾 q 为：

$$q = \frac{v}{F} = \frac{bBE^w A}{\rho + \delta + g} = 1 \qquad (2.39)$$

根据式（2.32），有：

$$E^w = \frac{L^w - \delta - g}{1 - b} \qquad (2.40)$$

将式（2.40）代入式（2.39），得到核心—边缘结构的长期增长率：

$$g_{CP} = bL^w - (1 - b)\rho - \delta \qquad (2.41)$$

综合式（2.38）、式（2.41），得到两种均衡的长期增长率之差：

$$g_{CP} - g_{sym} = \frac{b(1 - \lambda)}{2}L^w \qquad (2.42)$$

由 b 和 λ 的取值范围，可知 $g_{CP} > g_{sym}$。这意味着，与对称均衡结构相比，核心—边缘结构具有更高的经济增长率。可见，核心对资本的集聚具有经济增长效应。这一效应的实现以集聚外部性为中介：一是货币外部性。在模型中，资本的增加导致生产扩大，生产的扩大导致支出的扩大，进而放大了本地市场规模。这一循环累积因果关系，是通过资本创造或资本损耗发生的。二是技术外部性。由于知识溢出效应随距离衰减，因此生产活动集聚使知识溢出效应更强，资本的创造成本更低，资本的创造速度更快，资本累积导致的支出转移效果也更明显。

模型的结论：与空间均匀分布相比，经济集聚的经济增长效应更强。货币外部性、技术外部性会放大本地市场规模并降低产品的生产成本，最终促进经济增长。

第二节　基准模型的拓展

上一节的基准模型分析中，详细描述了集聚过程中货币外部性的作用机制，将技术外部性则视为"黑箱"，仅假设资本（知识）具有学习和溢出特征。本节基于藤田（2007）以及伯利安特和藤田（2008）的研究，补充说明技术外部性对创新的影响机制。模型引入知识创新部门，知识的载体为创新者（可理解为人力资本）。

一、模型假设

南部的知识创新部门中，创新者 i 和 j 的知识分别为 K_i、K_j，且 $K_i = D_{ij} + C_{ij}$、$K_j = D_{ji} + C_{ij}$。其中，D_{ij} 为 i 的独有知识；D_{ji} 为 j 的独有知识；C_{ij} 为两人的共有知识。因此，在时点 t 有：

$$n_i(t) = n_{ij}^c(t) + n_{ij}^d(t), n_j(t) = n_{ij}^c(t) + n_{ji}^d(t) \qquad (2.43)$$

其中，$n_i(t)$、$n_j(t)$ 分别为 K_i、K_j 的存量；$n_{ij}^c(t)$ 为共有知识 C_{ij} 的存量；$n_{ij}^d(t)$、$n_{ji}^d(t)$ 分别为独有知识 D_{ij} 和 D_{ji} 的存量。

创新者的知识创新活动有两种模式：各自独立创新或合作创新。各自独立创新时，有：

$$a_i(t) = \alpha \cdot n_i(t), \; a_j(t) = \alpha \cdot n_j(t) \qquad (2.44)$$

其中，$a_i(t)$、$a_j(t)$ 分别表示创新者 i 和 j 在时点 t 的知识增量，常数 $\alpha > 0$。

两人合作创新时，有：

$$a_{ij}(t) = \beta \cdot \left[n_{ij}^c(t) \cdot n_{ij}^d(t) \cdot n_{ji}^d(t) \right]^{\frac{1}{3}} \qquad (2.45)$$

$$b_{ij}(t) = \gamma \cdot \left[n_{ij}^c(t) \cdot n_{ij}^d(t) \right]^{\frac{1}{2}} \qquad (2.46)$$

$$b_{ji}(t) = \gamma \cdot \left[n_{ij}^c(t) \cdot n_{ji}^d(t) \right]^{\frac{1}{2}} \qquad (2.47)$$

其中，$a_{ij}(t)$ 为表示 i 和 j 在时点 t 合作的知识创新率，常数 $\beta > 0$。此时，i 和 j 间同时进行知识转移，式（2.46）和式（2.47）中的 $b_{ij}(t)$ 和 $b_{ji}(t)$ 分别表示 i 对 j 和 j 对 i 的知识转移率，常数 $\gamma > 0$。

二、短期均衡

创新者合作进行知识创新时，各自的知识增量均为知识创新率与知识转移率之和。具体而言，i 的知识增量为 $a_{ij}(t) + b_{ji}(t)$；j 的知识增量为 $a_{ij}(t) + b_{ij}(t)$。

当且仅当下式成立时，创新者 i 和 j 选择合作创新：

$$a_{ij}(t) + b_{ji}(t) > a_i(t) , a_{ij}(t) + b_{ij}(t) > a_j(t) \qquad (2.48)$$

反之，i 和 j 选择各自独立创新。无论选择何种知识创新模式，都实现了短期均衡。

有必要指出，这种短期均衡是不稳定的。在创新过程中，共有知识 C_{ij} 的比重起到关键作用：共有知识过少，创新者间缺乏交流的基础；共有知识过多，创新者间则缺乏知识创新的能力。

因此，合作创新导致共有知识比重增加至某临界值后，式（2.48）不再成立，创新者就一定会选择各自独立创新。不难发现，随着人们在南部的交流越来越多，共有知识会越来越大，南部的合作创新效率越来越低，将会使部分创新者跨区域寻找新的合作者，即产生了区际移民行为。

三、长 期 均 衡

如图 2-1 所示，内生的区际移民情形中，创新者 i 离开南部，进入北部与创新者 l 合作，由此产生区际技术外部性。北部知识创新部门的市场规模变大，本地市场效应和价格指数效应等集聚力开始发挥作用。在一定的贸易自由度下，南部的知识创新部门逐步流入北部，并且知识创新者搜

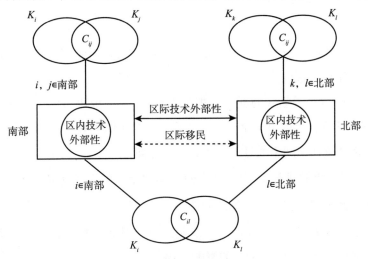

图 2-1 区域间的技术外部性

寻和匹配合作创新者的方式逐步专业化，北部最终成为城市，不但是制造业的集聚地，也是专业化知识转移和创新的中心。此时，初始的对称的内部均衡演化为以北部为城市的核心—边缘结构。

可以证明，当新知识能够在区域间自由流动，而创新者能够在区域间移民时，存在稳定的核心—边缘均衡结构，即核心集中了所有的知识创新部门，并且核心—边缘结构的知识创新效率最高（安虎森，2009）。

模型的结论：与空间均匀分布相比，集聚具有更强的知识创新能力。集聚情形下，技术外部性，即知识创造中对他人独有知识的使用更为频繁和便捷，这有利于个体间的合作创新。

第三节　集聚外部性的作用范围

城市或产业层面的集聚外部性，是微观个体的集聚外部性的总和。这里的个体既包括个人，也包括企业。本节在微观层面考察企业间的集聚外部性，进而明确集聚外部性的作用范围（Rosenthal and Strange，2004）。

设某城市或特定地点有企业 s，其所交往的企业集合为 R。企业的技术是希克斯中性的，其生产函数为：

$$Y_s = g(A_s) \cdot f(x_s) \tag{2.49}$$

其中，x_s 为劳动、资本、土地等要素投入；A_s 为企业的环境特征，用于衡量集聚外部性的影响。

企业 $r \in R$ 对企业 s 的影响（即外部性），不但取决于两个企业的规模（如工人总数），也取决于企业之间的距离。这种距离在以下三个维度上度量：一是企业在空间上的远近程度，称为地理距离 d_{rs}^G；二是企业所属产业的差异性，称为产业距离 d_{rs}^I，从事同一类型生产的企业间 $d_{rs}^I = 0$；三是企业在时间上的间隔程度，称为时间距离 d_{rs}^T，例如，企业 r 在一年前曾与企业 s 交往，则 $d_{rs}^T = 1$。空间距离、产业距离和时间距离中，任何一种距离的增加都可能导致企业 r 对 s 的影响减弱。

因此，企业 s 通过与企业 $r \in R$ 交往的得益可表示为：

$$a_{rs} = e(x_r, x_s) \cdot h(d_{rs}^G, d_{rs}^I, d_{rs}^T) \tag{2.50}$$

其中，$e(x_r, x_s)$ 表示企业间交往的得益取决于企业 r 和 s 的规模；$h(d_{rs}^G, d_{rs}^I, d_{rs}^T)$ 则表示企业间交往的得益随距离的增加而减弱。

企业 s 从集聚中的得益，等于其从所有交往企业处得益的加总：

$$A_s = \sum_{r \in R} a_{rs} = \sum_{r \in R} e(x_r, x_s) \cdot h(d_{rs}^G, d_{rs}^I, d_{rs}^T) \tag{2.51}$$

从式（2.51）可知，集聚外部性的经济影响受空间、产业和时间范围的限制。就空间范围而言，规模（人口规模、产出规模、土地面积）、密度（人口密度、就业密度、产出密度）会影响其经济效应；就产业范围而言，城市产业的多样化程度、专业化程度也会影响其经济效应；而时间范围则意味着，集聚的经济效应不仅是静态的，还可能存在动态特征。

第四节　小　结

本章构建了一个理论框架，说明集聚外部性如何影响城市和产业发展。第一节探讨集聚外部性对经济增长的影响。在这一内生增长模型中，货币外部性和技术外部性使得长期均衡区位会影响经济增长。具体而言，集聚的经济增长率要大于内部对称均衡情形。第二节进一步打开技术外部性的"黑箱"，描述了技术外部性对创新的影响机理。结果表明，与空间均匀分布相比，集聚具有更强的创新能力。第三节在微观企业层面上探讨集聚外部性，以明确城市或产业层面上集聚外部性的作用范围，即集聚外部性的经济影响受空间范围、产业范围和时间范围的限制。

本章所构建的理论框架，将在此后各章进行验证。具体而言，第三章、第四章、第五章、第七章、第九章的实证研究涉及集聚外部性对城市和产业增长的影响；第六章、第八章的实证研究探讨集聚外部性对城市和产业创新的影响。实证研究中，涉及规模和密度等空间范围，涉及多样化程度、专业化程度等产业范围，也涉及静态和动态等时间范围。

第三章

城市集聚与劳动生产率

第一节　引　言

劳动生产率提高是经济增长的最终表现。格里高利·曼昆（2012）指出：一国的生活水平取决于它生产物品与劳务的能力……几乎所有生活水平的变动都可以归因于各国生产率的差别——这就是一个工人一小时所生产的物品与劳务量的差别。劳动生产率存在空间上的差异，这在中国尤为明显。仅就中国地级城市而言，2011 年劳动生产率排名前十位城市的均值是排名最后十位城市均值的近 6 倍。悬殊的劳动生产率，反映的是城市间居民生活水平的巨大差异。从缩小区域贫富差距、实现城市间协调发展的角度来看，探讨中国城市劳动生产率差异产生的原因具有迫切性和现实意义。

区域和城市研究中，将经济集聚视为影响劳动生产率的重要因素。谢费尔（Shefer，1973）以城市规模作为经济集聚的代理变量，利用美国 1967 年标准都市统计区的分产业数据，对城市规模与劳动生产率的关系进行经验分析，发现城市规模增加 1 倍将使生产率提高 14% ~ 27%；斯韦考斯卡斯（Sveikauskas，1975）则认为这一影响仅有 6% ~ 7%。西格尔（Segal，1976）对早期研究的资本存量测量加以改进，发现城市人口在 200万及以上时，城市规模扩大 1 倍可以提高大约 8% 的生产率。福格蒂和加洛加洛（Fogarty and Garogalo，1978）发现，当城市人口加倍时，劳动生产率提高约 10%；穆莫（Moomaw，1981）的研究则显示这一效应为 2.7%。西科恩和霍尔（Ciccone and Hall，1996）提出理论模型来解释生产率与经济密度的关系，在此基础上利用美国各县的数据进行检验，回归分析显示，经济密度越高则生产率越高。此后的研究也发现，经济活动密度能显著促进区域或城市的劳动生产率（Glaeser and Maré，2001；Ciccone，2002；Ottaviano and Pinelli，2006）。

对于中国城市劳动生产率差异的成因，研究者也从经济集聚视角进行探讨，这些文献可分为两类。一类文献着眼于整体经济活动的集聚。范剑勇（2006）利用中国2004年地级和副省级城市数据，发现非农劳动生产率对非农就业密度的弹性系数为8.8%左右。陈良文等（2008）基于北京市2004年经济普查数据，发现经济密度与劳动生产率之间存在显著的正向关系，劳动生产率对产出密度、就业密度的弹性分别为11.8%和16.2%，高于欧美平均水平。刘修岩（2010）对2001～2007年城市面板数据的分析表明，城市的就业密度对其非农劳动生产率存在着显著的正向影响。毛丰付和潘加顺（2012）基于中国1995～2010年地级城市数据的研究也发现，城市规模、人口集聚等因素对中国城市劳动生产率的提升有显著促进作用。另一类文献则考察某一产业或行业的集聚。柯善咨和姚德龙（2008）利用2005年截面数据，分析地级城市的工业集聚和劳动生产率的关系，结果表明中国工业的相对集聚和劳动生产率互为因果、互相强化，工业集聚和劳动生产率在相邻城市间有明显的空间粘滞性和连续性。

针对中国城市的现有文献拓展了城市集聚与劳动生产率关系的研究，但仍存在两个方面缺陷。一方面，忽略了城市资本存量。对劳动生产率的研究建立在生产函数基础上，而资本作为基本的投入要素，是生产函数中的主要自变量之一，理应在经验研究中进入回归模型，这也是国外代表性文献的通常做法。忽略城市资本存量将使估计结果出现遗漏变量导致的内生性问题。然而，可能是受限于数据可得性，除毛丰付和潘加顺（2012）外，文献在建立回归模型时，或者直接略去资本存量，或者用投资等变量进行替代。而毛丰付和潘加顺（2012）对城市资本存量的测算过程中，也存在城市市辖区占各省的资本存量比重等于GDP比重等不合实际的假定。因此，有必要用更加合理的测算方法，在回归模型中引入城市资本存量。另一方面，现有文献大都未考虑城市经济活动的空间溢出对劳动生产率的影响。安瑟兰等（Anselin et al.，2004）指出，区域和城市研究中如果忽略空间相关性，将造成系数估计值的有偏。事实上，城市之间因其经济和贸易联系而存在空间相关性，某一城市的经济不可避免地受其他城市经济空间溢出的影响，这种空间溢出在运输网络日益发达的今天尤为重要（李煜伟、倪鹏飞，2013），所以，有必要在城市劳动生产率研究中引入空间相关性。而当前文献中，仅有柯善咨和姚德龙（2008）在工业集聚和劳动生产率的研究中考虑过空间溢出，在研究城市集聚的劳动生产率效应时需进一步拓展。

基于以上理由，本章利用 2003～2011 年中国城市面板数据，实证估计城市集聚对劳动生产率的影响。相对于已有研究，本章有两个可能的边际贡献：第一，严格按柯善咨和向娟（2012）的方法测算了城市资本存量，并将该变量引入回归模型，缓解了因遗漏变量产生的内生性问题；第二，充分考虑到城市间的空间相关性，证实了邻近城市的劳动生产率会相互促进，即存在劳动生产率的空间溢出。

第二节　研究设计

一、基本模型

假设城市具有规模收益不变的生产技术，且受益于集聚外部性，则城市的生产函数可表示为：

$$Y = e^A F(K, L) \tag{3.1}$$

其中，Y 为城市的产出；K、L 分别表示城市的资本和劳动投入；A 为影响产出的集聚外部性等其他因素。对式（3.1）两边同时乘以 $1/L$ 并取对数，建立基本模型：

$$\ln y_{it} = \beta_0 + \beta_1 \ln k_{it} + \beta_2 Z_{it} + \beta_3 X_{it} + \mu_i + \varepsilon_{it} \tag{3.2}$$

其中，y 表示劳动生产率；k 表示劳均资本存量；Z 为衡量城市集聚程度的指标；X 为一组影响城市劳动生产率的控制变量；$\beta_0 \sim \beta_3$ 为待估的系数向量；i 和 t 分别表示城市和年份；μ 为城市固定效应；ε 为随机误差项。

二、空间计量模型

基本模型忽略了城市经济活动的空间溢出对城市劳动生产率的影响，有必要进一步引入空间相关性。在式（3.2）中增加空间滞后被解释变量，建立空间滞后模型（SLM）：

$$\ln y_{it} = \beta_0 + \beta_1 \ln k_{it} + \beta_2 Z_{it} + \beta_3 X_{it} + \rho W \ln y_{it} + \mu_i + \varepsilon_{it} \qquad (3.3)$$

式（3.3）中，ρ 为空间滞后系数，度量其他城市的劳动生产率加权和对某一城市劳动生产率的影响；W 为空间权重矩阵，且 $W = I_T \otimes W_N$，其中，I_T 为 $T \times T$ 单位矩阵，W_N 为 $N \times N$ 方阵，T、N 分别代表时期数、城市数，$\otimes$ 表示克罗内克（Kronecker）乘积。

在式（3.3）中增加空间误差变量，建立空间误差模型（SEM）：

$$\ln y_{it} = \beta_0 + \beta_1 \ln k_{it} + \beta_2 Z_{it} + \beta_3 X_{it} + \lambda W \theta_{it} + \mu_i + \varepsilon_{it} \qquad (3.4)$$

其中，λ 为空间误差系数，反映了影响其他城市劳动生产率的不可测因素对某一城市劳动生产率的影响程度；θ 是误差向量；空间权重矩阵 W 含义同上。

从地理特征和社会经济特征两个角度，分别建立空间权重矩阵。地理距离权重矩阵以各城市的经纬度坐标确定城市间距离，再以城市间距离的倒数作为权重，并将矩阵标准化为每行元素之和为 1。经济距离权重矩阵在考虑经纬度坐标的同时，以某一城市各期 GDP 平均值占全部城市各期 GDP 平均值的比重作为权重，并将矩阵标准化为每行元素之和为 1。

三、变量和数据

回归分析选取 2003～2011 年中国地级城市的面板数据。数据主要来自历年《中国城市统计年鉴》。考虑到地级城市通常下辖农村地区，若采用全市口径的统计数据，将低估城市集聚的效应，因此，本章采用各地级市的市辖区口径数据。为保证数据的完整性和一致性，首先剔除数据缺失的拉萨以及巢湖、铜仁和毕节 3 个撤销或新设市，再将考察期内市辖区面积变化较大的 73 个城市剔除，然后剔除人力资本数据不完整的 8 个城市，最终选取样本城市 204 个。各变量具体说明如下：

城市劳动生产率（y）用市辖区 GDP 与从业人员的比值来表示，当年 GDP 按平减指数调整为 2003 年不变价格。

劳均资本存量（k）用市辖区资本存量与从业人员的比值表示。此前，由于缺乏系统的城市资本存量测量文献，研究者不得不采用各种方法估计、替代甚至忽略城市固定资本存量，由此得到的回归分析结果自然缺乏可靠性。本章对城市资本存量的测算严格按柯善咨和向娟（2012）所提供的方法实施，具体步骤为：（1）调整市辖区范围。为使各城市各年的资本存量估算值具有可比性，以 2009 年地级市及其市辖区范围为标准，对 2003 ~ 2011 年间行政区划发生变动的城市数据进行调整，并将缺失的部分数据补齐。（2）计算投资价格总指数。将投资价格总指数视为建筑安装工程、设备工具器具购置、其他三大类资本品各自价格指数的加权和，并将其转换为以 2003 年为 100 的累计价格指数。（3）计算投资序列 I'_t。投资序列用新增固定资产表示，是经过价格总指数调整的当年和前两年全社会固定资产投资额 I 的算数平均数，即 $I'_t = (I_{t-2} + I_{t-1} + I_t)/3$。（4）确定经济折旧率（$\delta$）。根据柯善咨和向娟（2012）以及单豪杰（2008）的研究，确定经济折旧率为 10.96%。（5）计算初始资本存量（K_0）。用公式 $K_0 = I'_0(1+g)/(g+\delta)$ 计算 2003 年资本存量，其中，I'_0 为 2003 年新增固定资产，g 为 2003 ~ 2011 年各城市市辖区新增固定资产的几何平均增长率。（6）用永续盘存法计算市辖区资本存量，所用公式为 $K_t = K_{t-1}(1-\delta) + I'_t$。

城市集聚的衡量有规模指标和密度指标两种，通常认为后者更能反映区域或城市的集聚特征。用人口密度（$popd$），即市辖区年末总人口与市辖区土地面积的比值来表示城市集聚。

考虑到城市间的异质性因素对劳动生产率的影响，加入人力资本（edu）、产业结构（ins）、财政支出（$fisc$）和基础设施（$road$）等控制变量。限于数据可得性，基于中国宏观数据的研究一直无法很好地度量人力资本，借鉴国内外学者在面临数据约束下的通常做法（Heckman，2005），用市辖区每万人中高等学校在校生数作为人力资本的代理变量。参照毛丰付和潘加顺（2012）的研究，以市辖区第二产业占 GDP 的比重来近似代表工业化水平，用于衡量产业结构对劳动生产率的影响。财政支出为市辖区地方财政预算内支出占 GDP 的比重，用以衡量政府行为对劳动生产率的影响。为控制基础设施对城市劳动生产率的作用（刘修岩，2010），用市辖区人均道路面积作为基础设施的代理变量。

变量的描述性统计如表 3 - 1 所示。

表 3 - 1　　　　　　　　　　　变量的描述性统计

变量	符号	量纲	观测值	均值	标准差	最小值	最大值
劳动生产率	y	元/人	1836	91721.09	53878.14	17209.39	463788.93
劳均资本存量	k	元/人	1836	177580.30	110223.40	25088.10	913973.60
人口密度	$popd$	人/平方公里	1836	927.04	857.63	13.00	6218.26
人力资本	edu	人/万人	1836	367.37	342.99	2.66	2312.46
产业结构	ins	—	1836	0.50	0.13	0.08	0.89
财政支出	$fisc$	—	1836	0.13	0.07	0.02	0.65
基础设施	$road$	平方米/人	1836	8.55	5.87	0.02	64.00

为直观反映核心解释变量和被解释变量的关系，描绘人口密度和劳动生产率的散点图（见图 3 - 1）。由图 3 - 1 可见，人口密度与劳动生产率间存在明显的正向线性关系。本章第三节将进一步对这一关系进行回归分析。为避免估计中的异方差问题，对人口密度、人力资本数据也作对数化处理。

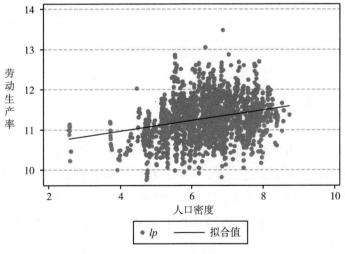

图 3 - 1　拟合散点图

第三节　实证结果及分析

一、空间相关性检验

使用空间计量模型前，需要检验被解释变量的空间相关性。采用莫兰指数（Moran's I）测度劳动生产率的空间相关性，结果如表3－2所示。莫兰指数显示，各年份的劳动生产率都表现出较强的空间相关性，虽然这种空间相关性随时间有减弱趋势。与地理距离权重矩阵相比，基于经济距离权重矩阵的空间相关性更强。空间相关性的存在，表明有必要采用空间计量方法进行估计。

表3－2　　　　　　　劳动生产率的空间相关性（Moran's I）

权重类型	2003 年	2004 年	2005 年	2006 年	2007 年	2008 年	2009 年	2010 年	2011 年
地理权重	0.35 *** (14.49)	0.34 *** (14.35)	0.31 *** (13.03)	0.30 *** (12.47)	0.31 *** (12.92)	0.30 *** (12.41)	0.27 *** (11.36)	0.28 *** (11.59)	0.23 *** (9.75)
经济权重	0.48 *** (5.67)	0.50 *** (5.87)	0.45 *** (5.36)	0.46 *** (5.45)	0.49 *** (5.83)	0.47 *** (5.62)	0.43 *** (5.08)	0.42 *** (4.92)	0.34 *** (4.09)

注：*** 表示在1%的水平通过了显著性检验；括号内数值为 z 统计值。

二、基准估计

进行回归分析之前，豪斯曼（Hausman）检验结果表明，固定效应模型优于随机效应模型。进一步，采用拉格朗日乘数检验（LM 检验）选择空间计量模型。LM 检验结果显示，应选择空间滞后模型（SLM）进行回归。作为对比，同时报告空间误差模型（SEM）的回归结果。基准估计的结果如表3－3所示。

表3-3 城市集聚与劳动生产率：基准估计

变量	基本模型		地理距离权重矩阵		经济距离权重矩阵	
	FE	RE	SLM	SEM	SLM	SEM
ln$k$	0.5699 *** (64.02)	0.5843 *** (70.44)	0.4131 *** (34.89)	0.4576 *** (26.86)	0.5023 *** (48.01)	0.5600 *** (63.51)
ln$popd$	0.2160 *** (4.06)	0.0975 *** (4.56)	0.1059 *** (3.12)	0.1225 ** (2.22)	0.1574 *** (3.17)	0.2482 *** (4.94)
$fisc$	0.0001 (0.18)	−0.0008 (−1.08)	−0.0023 *** (−3.33)	−0.0014 * (−1.87)	−0.0007 (−1.11)	−0.0002 (−0.26)
$road$	0.0031 *** (2.67)	0.0037 *** (3.27)	−0.0001 (−0.08)	0.0016 (1.27)	0.0030 ** (2.41)	0.0040 *** (3.13)
lnedu	0.0426 *** (4.50)	0.0299 *** (3.32)	0.0052 (0.62)	0.0280 *** (2.93)	0.0335 *** (3.86)	0.0423 *** (4.72)
ins	0.0028 *** (4.39)	0.0032 *** (5.20)	0.0033 *** (6.04)	0.0036 *** (6.02)	0.0032 *** (5.60)	0.0032 *** (5.38)
C	2.9503 *** (9.21)	3.5889 *** (23.78)				
ρ			0.3778 *** (17.28)		0.1432 *** (9.91)	
λ				0.2393 *** (17.20)		0.1022 *** (5.13)
μ	yes	yes	yes	yes	yes	yes
R^2	0.5494	0.6082	0.6076	0.5935	0.5834	0.5331
F/Wald	1742.38	10312.71				
Log-L			1462.68	1371.89	1375.1715	1340.97
N	1836	1836	1836	1836	1836	1836

注：Log-L 表示对数似然函数值；*** 、** 和 * 分别表示1%、5%和10%的显著性水平；括号内数值为 t 统计值。

就基本模型而言，FE结果显示人口密度的估计系数为0.22，且在1%水平显著，表明城市集聚对劳动生产率有促进作用。而在空间计量模型中，这一估计系数有所改变。一般认为，经济距离权重矩阵与地理距离权重矩阵相比，包括了其他多种非地理邻近因素的综合影响，对空间相关性的刻画更为准确。因此，我们基于表3-3中经济距离权重矩阵下的SLM

模型，对城市集聚的劳动生产率效应进行分析。

从表3–3可知，该模型估计结果中人口密度的估计系数为0.16，且在1%水平显著，表明城市集聚程度越高，城市的劳动生产率越大。从集聚的微观基础看，城市集聚会产生正的外部性，包括货币外部性和技术外部性（Scitovsky，1954）。在集聚经济三大来源中，劳动力共享和中间投入共享会产生货币外部性，知识溢出则产生技术外部性（Marshall，1920）。正的外部性的存在，会显著提升城市劳动生产率。

空间滞后系数 ρ 的估计系数为0.14，且在1%水平显著，表明劳动生产率的空间溢出是存在的，邻近城市的劳动生产率存在互相促进的作用。劳动生产率在相邻城市间有明显的空间粘滞性和连续性（柯善咨、姚德龙，2008）。由于经济、贸易和交通上的联系，城市间存在空间相关性，某一城市的经济活动不可避免地受其他城市的影响，因此，相邻城市间的劳动生产率水平通常较为接近。这有助于理解发达地区和欠发达地区均呈块状分布的经济现实。

模型也估计了控制变量对劳动生产率的影响。劳均资本存量的系数为0.50，且在1%水平显著，说明劳均资本存量每增加1个百分点会引起城市劳动生产率增加0.5个百分点，可见本章在已有研究基础上引入资本存量是有意义的。财政支出占比为负，显示政府的财政行为对城市劳动生产率的提升产生阻碍作用，然而这一作用不够显著。基础设施的估计系数为正，且在5%水平显著，表明基础设施促进了城市的劳动生产率。人力资本的估计系数在1%水平显著为正，再次验证了人力资本与劳动生产率间的正向关系。而产业结构的系数显著为正，说明在中国工业化先于城市化发展的现阶段，工业化水平对城市劳动生产率的影响不容忽视。

三、分地区估计

中国地区间发展水平差异明显，城市集聚的劳动生产率效应也可能存在差异。因此，将全国按东、中、西部划分进行估计。204个样本城市中，东部城市73个，中部城市69个，西部城市62个。限于篇幅，仅报告基本模型的FE估计结果、经济距离权重矩阵下的空间计量模型结果，如表 3 - 4 所示。

表 3 - 4　　　　　　城市集聚与劳动生产率：分地区估计

变量	东部城市			中部城市			西部城市		
	FE	SLM	SEM	FE	SLM	SEM	FE	SLM	SEM
lny	0.6009 ***	0.5358 ***	0.5961 ***	0.5745 ***	0.5328 ***	0.5648 ***	0.5258 ***	0.5425 ***	0.5308 ***
	(44.39)	(33.53)	(45.20)	(30.89)	(25.68)	(31.32)	(32.06)	(24.84)	(33.93)
lnpopd	0.2243 ***	0.1340 **	0.2296 ***	0.2469 **	0.1998 **	0.2734 ***	0.2037 *	0.1079 **	0.1730 ***
	(3.32)	(2.14)	(3.65)	(2.30)	(2.00)	(2.72)	(1.72)	(2.03)	(2.58)
fisc	− 0.0022	− 0.0037 **	− 0.0029	− 0.0010	− 0.0020	− 0.0018	0.0016	0.0008	0.0014
	(− 1.12)	(− 1.99)	(− 1.50)	(− 0.68)	(− 1.36)	(− 1.18)	(1.53)	(0.87)	(1.42)
road	0.0025	0.0006	0.0020	0.0008	0.0008	0.0021	0.0133 ***	0.0103 ***	0.0106 ***
	(1.61)	(0.45)	(1.38)	(0.29)	(0.31)	(0.74)	(3.92)	(3.44)	(3.34)
lnedu	0.0451 ***	0.0442 ***	0.0464 ***	0.0433 *	0.0376 *	0.0583 ***	0.0351 **	0.0159	0.0229
	(3.50)	(3.79)	(3.82)	(1.85)	(1.72)	(2.58)	(2.27)	(1.15)	(1.60)
ins	0.0034 ***	0.0041 ***	0.0035 ***	− 0.0003	− 0.0002	0.0047 *	0.0062 ***	0.0064 ***	0.0065 ***
	(3.40)	(4.52)	(3.81)	(− 0.31)	(− 0.23)	(1.81)	(5.31)	(6.23)	(6.04)
ρ		0.1503 ***			0.0930 ***			0.1048 ***	
		(6.35)			(3.60)			(7.94)	
λ			0.1125 ***			0.1001 ***			0.1748 ***
			(3.19)			(2.81)			(4.76)
C	2.5320 ***			2.8269 ***			3.3719 ***		
	(5.60)			(4.40)			(5.31)		
μ	yes	yes	yes	yes	yes	yes	yes	yes	yes
R^2	0.4950	0.5436	0.4937	0.3655	0.3934	0.3369	0.5931	0.6391	0.6080
F	769.39			509.28			561.16		
Log-L		621.54	607.33		409.15	406.63		401.55	383.40
N	657	657	657	621	621	621	558	558	558

注：Log-L 表示对数似然函数值；*** 、** 和 * 分别表示 1%、5% 和 10% 的显著性水平；括号内数值为 t 统计值。

与基准估计情况类似，这里基于 SLM 模型分析城市集聚的劳动生产率效应。SLM 模型中，城市集聚的系数估计值均在 5% 水平显著，其中，东部城市的系数为 0.13，小于中部城市的 0.20，大于西部城市的 0.11。可见，城市集聚对生产率的影响存在明显的地区差异。针对这一结果，结合城市集聚程度在东、中、西部城市逐渐减弱的事实（例如，2011 年样本中东部城市市辖区平均每平方公里有 1273 人，在中、西部城市这一数字分别为 1024 人和 570 人），推测城市集聚的作用可能服从某种先增强后减弱的倒 "U" 型规律：中部城市的城市集聚处于最优水平；西部城市集聚弱于中部城市，其劳动生产率效应弱于中部城市；而东部城市的城市集聚强于中部城市，其劳动生产率效应较中部城市有所减弱。这也从侧面进一步验证了欧和亨德森（2006）所提出的净城市集聚与城市人口规模间存在倒 "U" 型关系的结论。当然，对东部城市集聚的劳动生产率效应大于西部城市而小于中部城市这一现象的解释，有待进一步的研究。

空间滞后系数 ρ 的系数估计值均在 1% 水平显著，其中东部城市为 0.15，大于中部城市的 0.09 和西部城市的 0.10，这说明东部城市的空间溢出效应更强。由于现代化交通网络和信息技术的推动，东部城市间的交流更加紧密，人员、物资和知识的流动更为通畅，而且东部城市已形成长三角、珠三角和环渤海等城市群，区域一体化程度较中、西部城市更高，这些显然更有利于劳动生产率的空间溢出。

四、稳健性检验

为验证上述回归分析的可靠性，有必要进行稳健性检验。稳健性检验的方法通常包括改变样本范围、选择不同解释变量、变化参数取值等。这里用城市产出密度（市辖区 GDP 与土地面积的比值）替换人口密度，作为城市集聚的代理变量进行估计，结果如表 3 - 5 所示。

表 3 - 5　　　　　　　　城市集聚与劳动生产率：稳健性检验

变量	FE	地理距离权重矩阵		经济距离权重矩阵	
		SLM	SEM	SLM	SEM
lny	0.5887 *** (32.44)	0.5778 *** (31.78)	0.5597 *** (31.01)	0.5803 *** (32.66)	0.5803 *** (32.72)
lngdpd	0.1635 *** (20.64)	0.1086 *** (12.11)	0.2196 *** (20.46)	0.1427 *** (18.86)	0.2726 *** (21.84)
fisc	− 0.0017 ** (−2.46)	− 0.0020 *** (−3.05)	− 0.0019 *** (−2.94)	− 0.0019 *** (−2.87)	− 0.0019 *** (−2.99)

变量	FE	地理距离权重矩阵		经济距离权重矩阵	
		SLM	SEM	SLM	SEM
road	0.0016 **	0.0017 **	0.0009	0.0016 **	0.0014 **
	(2.33)	(2.48)	(1.57)	(2.43)	(2.23)
ln*edu*	0.0184 **	0.0178 **	0.0103 **	0.0170 **	0.0141 *
	(2.06)	(2.12)	(2.24)	(2.02)	(1.68)
ins	0.0017 ***	0.0020 ***	0.0015 ***	0.0019 ***	0.0020 ***
	(2.99)	(3.68)	(2.79)	(3.49)	(3.68)
ρ		0.0899 ***		0.0406 ***	
		(2.83)		(2.76)	
λ			0.1845 ***		0.0997 ***
			(10.15)		(5.07)
C	4.4705 ***				
	(57.94)				
μ	yes	yes	yes	yes	yes
R^2	0.5400	0.5686	0.5041	0.5487	0.5313
F	2246.33				
Log-*L*		1534.63	1575.31	1534.44	1543.32
N	1836	1836	1836	1836	1836

注：Log-*L* 表示对数似然函数值；*** 、** 和 * 分别表示 1% 、5% 和 10% 的显著性水平；括号内数值为 *t* 统计值。

从估计结果来看，地理距离权重矩阵、经济距离权重矩阵下 SLM 模型中产出密度的系数分别为 0.11 和 0.14，且均在 1% 水平显著；空间滞后系数 ρ 的系数分别为 0.09 和 0.04，且均在 1% 水平显著。这与表 3 - 3 中估计结果类似。此外，控制变量的系数符号也未发生反转，政府支出变量的显著性有大幅提高。可见，前面的回归结果是稳健的。

第四节 小 结

本章利用 2003 ~ 2011 年中国城市面板数据，通过构建空间计量模型，考察城市集聚对劳动生产率的影响。研究中处理了现有文献中忽略城市资本存量所产生的内生性偏误，从而得到更加可靠的估计结果。研究表明，控制了城市资本存量、产业结构、人力资本、财政支出和基础设施等因素后，城市集聚对劳动生产率有着显著为正的作用，作用强度在城市间存在差异：东部城市集聚的劳动生产率效应强于西部城市，弱于中部城市。同时，邻近城市的劳动生产率会相互促进，即存在劳动生产率的空间溢出，这在东部城市中最为明显。研究结论为城市经济学理论提供了一个来自发展中国家的实证支持，也从经济集聚视角解释了中国劳动生产率的城市差异。

本章的结论意味着，城市发展中应充分发挥城市集聚的劳动生产率效应，以及劳动生产率的空间溢出效应。此外，城市资本存量对劳动生产率的影响不容忽视，中国城市经济增长中仍然要重视资本深化的作用。

第四章

城市功能专业化与经济增长

第一节 引 言

随着中国城市化的快速推进，城市群已成为城市化的空间主体，也是实现中国区域总体发展战略的重要载体（张学良，2013）。在城市群内部形成合理高效的分工，是在当前中国经济结构性减速背景下调整空间布局、发掘空间红利的重要突破口。

从国际经验看，美国、日本等发达国家的城市群经历了从产品分工向功能分工的演变，群内各城市的功能专业化加强，即中心城市更多承担研发设计、管理、咨询等服务功能，外围城市则主要发挥生产功能。迪朗东和普加（2005）指出，20世纪70年代以来，美国的大城市吸引了越来越多的管理活动，生产活动则持续集聚于中小城市。科尔科（Kolko，1999）发现，20世纪90年代美国中小城市制造业就业与生产者服务业就业的比值，是中心城市的5.5倍。卡恩和比韦斯（Khan and Vives，2004）对1996～2001年美国企业的分析表明，企业存在将总部迁往中心城市的倾向。藤田（1997）也指出，日本东京自20世纪80年代以来集中了大量的生产者服务业和企业总部，主要承担研发和管理功能，而东京的制造业则逐渐向太平洋产业带转移。

近年来，中国城市群演进过程中，也出现了城市功能专业化的迹象，在长三角城市群中表现尤为明显。朱彦刚等（2010）分析全球500强企业数据后发现，中国的城市体系和跨国公司的功能区位选择存在对应关系，高等级城市承担价值链高端功能、低等级城市承担价值链低端功能的态势日益显著。张若雪（2009）发现，从2003年开始，长三角城市群的上海和江苏、浙江之间从产品分工走向功能分工，研发和专业服务逐渐向上海集中，这一判断也得到了大量文献的支持（魏后凯，2007；张来春，2007；宋伟轩等，2013）。宣烨和余泳泽（2014）进一步提出，长三角城市群内不仅存在服务功能和生产功能的分工，也存在服务功能的层级分工，即高等级城市集聚了高端生产者服务业，而低等级城市集聚了低端生产者服务业。

为探究城市功能专业化产生的原因，迪朗东和普加（2005）从理论上分析了从产品分工到功能分工的演化机制，将其归因于企业组织形式的改变，并指出企业远程管理成本的下降导致城市结构、产业结构发生变迁。张若雪（2009）则为这一演化机制提供了动态版本，强调城市之间不可能存在完全的功能分工，中小城市也存在管理和服务功能。格罗斯曼和汉斯贝格（Grossman and Hansberg，2006）认为，通信和交通技术的革命，使越来越多的工序可以在不同的地点完成，于是各个地区的功能专业化成为可能。戴维斯和亨德森（Davis and Henderson，2008）分析美国的数据后发现，当地是否有健全的生产者服务业是企业总部选址时最重要的考虑因素。亨德森和小野（Henderson and Ono，2008）分析了企业将总部和工厂分离的动机，认为企业面临权衡取舍：总部选址在服务业为主的大都市区，有助于企业将服务功能外包给当地的市场，也便于为企业的产品搜集市场信息；但与此同时，管理异地工厂的协调成本也会上升。维纳布尔斯（Venables，1996）则解释了生产功能专业化的好处，认为垄断竞争条件下新的制造业企业进入城市，既扩大了上游企业生产中间产品的当地需求，也减少了下游企业生产最终产品的投入运费。"前向关联"和"后向关联"这两种力量使上游企业可以在更高的规模水平上进行生产，也使下游企业的效益得以提高。陈建军（2007）对长三角城市群产业结构的研究表明，自20世纪80年代以来，传统制造业发展重心从上海转移到了周边的浙江和江苏地区，这种制造业的转移和扩散可在一定程度上解释长三角城市的功能专业化现象。

关于城市功能专业化对经济增长的作用，现有文献也予以了关注。

张若雪（2009）利用模型说明，制造业从中心城市到外围城市的转移成本下降，将促进城市功能专业化，进而提高区域的经济增长率。爱德华·格莱泽（2012）的案例分析表明，美国城市波士顿在20世纪70年代后恢复活力，主要是因为充分利用了其人力资本和信息的比较优势，成为美国高新技术企业总部和生产者服务业集中的城市。苏红键和赵坚（2011）利用2003～2008年中国城市面板数据考察功能专业化对城市经济增长的影响，结果表明，二者存在显著的倒"U"型关系。

梳理相关文献后发现，现有研究集中于描述城市功能专业化特征并解释其形成原因，对城市功能专业化的增长效应的研究略显不足，国内代表性的经验文献则仅有苏红键和赵坚（2011）的论文，但该文在回归分析中选择的功能专业化指标有不尽合理之处，其研究结论也值得商榷。

有鉴于此，本章首先发展出基于迪朗东和普加（2005）的D－P功能专业化指数以及自定义的相对功能专业化指数；其次利用两个新指数测量长三角城市群内部各城市的功能专业化水平；最后构建回归模型检验城市功能专业化的增长效应，以期得到可靠的研究结论。

第二节　城市功能专业化的事实

一、城市功能专业化的测量

1. D－P功能专业化指数

为说明1950～1990年美国城市功能专业化的演变历程，迪朗乐和普加（2005）提出了一种测量城市功能专业化的指数，其计算公式可表示为：

$$DP_{2005} = \left(\frac{M_i}{W_i} - \frac{\sum_i^n M_i}{\sum_i^n W_i} \right) \Big/ \frac{\sum_i^n M_i}{\sum_i^n W_i} \times 100\% \qquad (4.1)$$

其中，M_i 表示城市 i 中管理人员数量；W_i 表示城市 i 中从事精密制造、纺织和装配的工人数量；$\sum_i^n M_i$ 和 $\sum_i^n W_i$ 分别为管理人员和工人总数；n 为城市个数。DP_{2005} 表示城市 i 中管理人员数与工人数的比值超出平均水平的百分比。城市 i 的功能专业化水平反映在 DP_{2005} 的取值上：$DP_{2005} > 0$ 表示管理功能专业化；$DP_{2005} < 0$ 表示制造功能专业化；$DP_{2005} = 0$ 表示不存在功能专业化，且 DP_{2005} 偏离 0 的程度越大，功能专业化水平越高。

在式（4.1）的基础上，提出 D-P 功能专业化指数（以下简称"D-P 指数"），计算公式为：

$$DP = \frac{S_i}{P_i} - \frac{\sum_i^n S_i}{\sum_i^n P_i} \qquad (4.2)$$

其中，S_i 表示城市 i 中研发设计、管理、咨询等服务部门就业数；P_i 表示城市 i 中制造、采矿、建筑等生产部门就业数；$\sum_i^n S_i$ 和 $\sum_i^n P_i$ 分别为服务部门就业和生产部门就业；n 为城市个数；DP 反映城市 i 的功能专业化，$DP > 0$ 表示服务功能专业化，$DP < 0$ 表示生产功能专业化，$DP = 0$ 表示不存在功能专业化，且 DP 偏离 0 的程度越大，功能专业化水平越高。

相对式（4.1），式（4.2）有两点改进：一是拓宽了城市就业统计的产业口径，将城市功能划分为服务功能和生产功能两大类，更贴近现实情况；二是去掉不必要的百分比计算，使指数更加简洁。

D-P 指数的正负仅说明城市偏向服务功能还是生产功能，功能专业化水平的高低则由该指数的绝对值表示。因此，提出 D-P 指数的绝对值形式：

$$DPA = \left| \frac{S_i}{P_i} - \frac{\sum_i^n S_i}{\sum_i^n P_i} \right| \qquad (4.3)$$

式（4.3）称为 D-P 功能专业化修正指数（以下简称"D-P 修正指数"），用以衡量城市 i 的功能专业化水平。DPA 非负且取值越大，城市功能专业化水平越高；为零时则不存在功能专业化。

2. 相对功能专业化指数

在 D-P 功能专业化指数之外，提出另一种测量城市功能专业化的指数，该指数计算公式为：

$$RFI = \frac{S_i}{\sum_i^n S_i} - \frac{P_i}{\sum_i^n P_i} \qquad (4.4)$$

式（4.4）中变量含义同式（4.2）。功能专业化水平用城市 i 的服务部门就业占全体城市比重与生产部门就业占全体城市比重之差来衡量：$RFI=0$ 说明城市 i 服务功能与生产功能持平，不存在功能专业化；$RFI>0$ 表示服务功能专业化；$RFI<0$ 表示生产功能专业化，且 RFI 偏离 0 的程度越大，功能专业化水平越高。

参考迪朗东和普加（2000）对城市相对专业化指数、城市相对多样化指数的命名方式，将式（4.4）称为相对功能专业化指数（以下简称"相对指数"）。该指数的正负仅说明城市偏向服务功能还是生产功能，功能专业化水平的高低则由指数的绝对值表示。因此，提出相对指数的绝对值形式：

$$RFIA = \left| \frac{S_i}{\sum_i^n S_i} - \frac{P_i}{\sum_i^n P_i} \right| \qquad (4.5)$$

式（4.5）称为相对功能专业化修正指数（以下简称"相对修正指数"），用以衡量城市 i 的功能专业化水平。$RFIA$ 非负且取值越大，城市功能专业化水平越高；为零时则不存在功能专业化。

3. 简单的数值例子

与本章不同，苏红键和赵坚（2011）对城市功能专业化的测量，采用了类似区位熵形式的指数（暂称为 SZ 功能专业化指数，以下简称"SZ 指数"），其计算公式为：

$$SZ = \frac{M_i}{W_i} \bigg/ \frac{\sum_i^n M_i}{\sum_i^n W_i} \qquad (4.6)$$

式（4.6）中变量含义同式（4.1）。功能专业化水平用城市 i 的"管理人员数与生产人员数之比"与"全体城市管理人员数与生产人员数之比"的比值来衡量：$SZ=1$ 时不存在功能专业化；$SZ>1$ 表示服务功能专业化；$SZ<1$ 表示生产功能专业化，且 SZ 偏离 1 的程度越大，功能专业化水平越高。

这里通过一个简单的数值例子，讨论 D－P 指数、相对指数、SZ 指数的适用性。考虑一个三城市体系，在 t_1 和 t_2 期服务部门、生产部门就业有变动，导致城市功能专业化水平发生变化。表4－1报告了三类城市功能专业化指数的计算结果（假定三类指数就业统计口径相同）。表 4-1 中第二列、第三列的就业向量中两个分量分别表示服务部门就业、生产部门就业。

表 4-1 　　　　　　　　　三类城市功能专业化指数的计算

城市	就业		DP		RFI		SZ	
	t_1	t_2	t_1	t_2	t_1	t_2	t_1	t_2
a	(4, 2)	(8, 2)	1	3	1/2	9/11	2	4
b	(3, 2)	(2, 3)	1/2	-1/3	1/8	-1/11	3/2	2/3
c	(1, 4)	(1, 6)	-3/4	-5/6	-3/8	-5/11	1/4	1/6

比较计算结果不难发现，从 t_1 到 t_2 期，三类指数对城市功能专业化性质及其变动的测量是一致的：城市 a 的服务功能专业化水平增强；城市 b 从服务功能专业化转为生产功能专业化；城市 c 的生产功能专业化水平增强。这说明，在对城市功能专业化的特征描述上，三类指数都是可行的，且存在一定的可替代性。

在这个三城市体系中，各城市的功能专业化水平的时变特征迥然不同。那么可以断言，在大样本城市数据中，功能专业化的变动将更为复杂。此时，苏红键和赵坚（2011）利用 SZ 指数的所有回归分析结论，如全样本回归结果表明功能专业化与城市经济增长间存在倒"U"型关系，以及从现阶段看提高功能专业化水平会促进经济增长等，都是不可靠的。这是因为，作为解释变量的 SZ 指数变大时，极有可能同时涵盖三类样本：服务功能专业化增强（例如，SZ 从 2 到 4）、生产功能专业化减弱（例如，SZ 从 1/8 到 1/2）、从生产功能专业化转为服务功能专业化（例如，SZ 从 1/2 到 3/2），而后两种样本显然不能用"提高功能专业化水平"来概括。

究其原因，SZ 指数试图同时刻画城市功能专业化的"方向"和"水平"，所造成的复杂性和多义性使其不适用于回归分析。类似的问题也存在于 D-P 指数和相对指数中。

综上所述，D-P 指数、相对指数、SZ 指数可用于描述城市功能专业化特征，但不适用于回归分析。因此，本章第四节、第五节的回归分析部分将选用 D-P 指数、相对指数的绝对值形式，即 D-P 修正指数、相对修正指数作为解释变量，仅考察功能专业化"水平"对城市经济增长的影响，以消除指标复杂性和多义性带来的问题。

二、长三角城市的功能专业化

本部分利用 D－P 指数和相对指数，测量长三角城市群 16 个城市 2003～2011 年的功能专业化特征。参考宣烨和余泳泽（2014）的研究，并结合已有研究对生产者服务业的界定，选取交通仓储邮电业，信息传输、计算机服务和软件业，金融业，租赁和商业服务业，科研、技术服务和地质勘查业等 5 个生产者服务业来代表服务部门。生产部门则包括采矿业，制造业，电力、燃气及水的生产和供应业，建筑业。16 个城市的部门就业数据来自《中国城市统计年鉴》。表 4－2 报告了部分年份的测量结果。

表 4－2　　　　2003～2011 年长三角城市的功能专业化

城市	D－P 指数			相对指数		
	2003 年	2007 年	2011 年	2003 年	2007 年	2011 年
上海	0.1688	0.2943	0.3737	0.1394	0.2334	0.2548
南京	0.0537	0.1618	0.0847	0.0122	0.0306	0.0210
无锡	－0.1022	－0.0633	－0.1010	－0.0146	－0.0085	－0.0199
常州	－0.1497	－0.0324	－0.0653	－0.0153	－0.0058	－0.0068
苏州	－0.1940	－0.1929	－0.1625	－0.0574	－0.0866	－0.0554
南通	－0.1613	－0.0929	－0.0804	－0.0239	－0.0167	－0.0110
扬州	－0.1300	－0.0999	－0.1036	－0.0137	－0.0098	－0.0090
镇江	－0.0646	－0.0450	－0.0587	－0.0050	－0.0034	－0.0047
泰州	－0.1127	－0.0156	－0.0286	－0.0094	－0.0025	－0.0020
杭州	0.1650	0.0353	0.0288	0.0275	0.0207	0.0150
宁波	－0.0946	－0.0952	－0.1001	－0.0182	－0.0367	－0.0425
嘉兴	－0.0463	－0.1840	－0.1341	－0.0035	－0.0546	－0.0259
湖州	0.1256	－0.1384	－0.1470	0.0036	－0.0119	－0.0147
绍兴	－0.1682	－0.1956	－0.2071	－0.0207	－0.0486	－0.0758
舟山	0.1604	0.1807	0.1844	0.0032	0.0046	0.0043
台州	－0.0497	－0.0718	－0.1306	－0.0041	－0.0043	－0.0273

观察表4-2，可将长三角城市按功能专业化分为三类：一是服务功能专业化城市，包括上海、南京、杭州和舟山等4市；二是生产功能专业化城市，包括无锡、常州、苏州、南通、扬州、镇江、泰州、宁波、嘉兴、绍兴、台州等11市；三是从服务功能专业化转向生产功能专业化的城市，即湖州。

上海、南京、杭州作为长三角城市群的中心城市和次中心城市，以其雄厚的政治、经济、科技和教育综合实力，集聚了大量生产者服务业，同时将劳动密集型生产部门向外围城市转移，自身主要承担服务功能，其中，上海作为国家级的经贸、金融和航运中心，其服务功能专业化水平最高。而舟山的情况与此不同，如苏红键和赵坚（2011）所指出的，由于其工业基础薄弱，生产部门就业较少，只要统计数据中存在一定的服务部门就业，就表现出较高的服务功能专业化水平。

无锡、常州、苏州、南通、扬州、镇江、泰州、宁波、嘉兴、湖州、绍兴、台州等12个外围城市，是长三角城市群参与制造业全球价值链的重要组成部分。在多年的发展过程中，这些外围城市充分利用自身的自然资源和劳动力比较优势，大力发展外向型经济，并与沪宁杭形成功能互补，主要承担生产功能。邻近上海的湖州在2003年是服务功能专业化城市，而自2004年起转变为生产功能专业化城市，正说明长三角城市群制造业重心从上海向江浙转移，使区域中心城市与外围城市的功能分工趋于强化（陈建军，2007；张若雪，2009）。

为直观展示各城市功能专业化水平的时变特征，图4-1绘制了2003年、2011年的D-P指数。图4-1中有四个变动趋势值得重视：一是上海、南京、舟山的服务功能专业化水平提高，其中上海的提高幅度最大，显示其对长三角城市群生产者服务业的强大集聚能力；二是杭州的服务功能专业化水平有所下降，这可能因为上海与杭州地理距离较近，前者对后者的生产者服务业产生了"虹吸效应"；三是江苏的7个外围城市（无锡、常州、苏州、南通、扬州、镇江、泰州）生产功能专业化水平有所下降，我们猜测，是这些城市的制造业进一步向苏北和安徽地区转移所导致；四是浙江的5个外围城市（宁波、嘉兴、湖州、绍兴、台州）生产功能专业化水平提高，说明这些城市仍在承接来自国外和长三角城市群中心、次中心城市的生产部门转移。

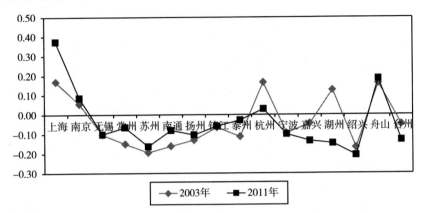

图 4 – 1 长三角城市的功能专业化特征（D – P 指数）

相对指数 2003 年、2011 年的变动趋势与 D – P 指数类似。限于篇幅，不再赘述。

第三节 研究设计

一、模型

为考察城市功能专业化对经济增长的影响，需进行回归分析。本章构造的回归模型如下：

$$y_{it} = \beta_0 + \beta_1 k_{it} + \beta_2 fs_{it} + \beta_3 X_{it} + \mu_i + \varepsilon_{it} \qquad (4.7)$$

其中，y 表示城市人均产出；k 表示城市人均资本存量这一影响人均产出的主要变量；fs 表示城市功能专业化；X 为一组影响城市人均产出的控制变量；$\beta_0 \sim \beta_3$ 为待估的系数向量；i 和 t 分别表示城市和年份；μ 为城市固定效应；ε 为随机误差项。

二、数据和变量

本章利用长三角城市群 16 个城市 2003 ~ 2011 年数据进行回归分析。

数据主要来自历年《中国城市统计年鉴》。式（4.7）所涉及变量说明如下：

城市人均产出（y）用城市 GDP 与常住人口的比值来表示，当年 GDP 按平减指数调整为 2003 年不变价格。

人均资本存量（k）用城市资本存量与常住人口的比值表示。对城市资本存量的测算严格按柯善咨和向娟（2012）的方法实施，详见第三章。

城市功能专业化（fs）用前面提出的 D–P 修正指数（dpa）、相对修正指数（$rfia$）衡量。

此外，由于遗漏变量可能会导致解释变量与误差项相关，进而引致内生性问题，根据已有文献，综合考虑城市经济增长的影响因素，选取以下 6 个控制变量：（1）人力资本（hc）。用城市每万人中高等学校教师数代理。（2）政府行为（$fisc$）。通常认为政府对市场经济活动的干预行为，会对经济绩效产生影响，这里用地方财政预算内支出占 GDP 的比重衡量政府行为。（3）外商直接投资（fdi）。长三角地区作为全球制造业价值链的重要参与者，其经济增长不可避免地受外商直接投资的影响。本章用外商投资工业企业总值与城市工业总产值的比值作为代理变量。（4）产业专业化（rzi）。产业专业化可能会产生马歇尔外部性（Marshall，1920），进而促进了知识溢出和城市经济增长，用相对专业化指数表示。（5）产业多样化（rdi）。产业多样化可能会产生雅各布斯外部性（Jacobs，1969），进而促进知识溢出和城市经济增长，用相对多样化指数表示。（6）人口密度（$popd$）。城市集聚经济受地理距离的限制，人口密度较大的城市，人们面对面交流的机会更多，有利于知识溢出和经济增长。人口密度用每平方公里的常住人口数表示。

相对专业化指数、相对多样化指数的计算公式如下（Duranton and Puga，2000）：

$$rzi_i = \max(s_{ij}/s_j) \tag{4.8}$$

$$rdi_i = 1/\sum_j |s_{ij} - s_j| \tag{4.9}$$

式（4.8）、式（4.9）中，s_{ij} 为 j 产业在 i 城市的就业份额；s_j 为 j 产业在全国的就业份额。

三、描述性统计

为减轻异方差问题，在参数估计前对人均产出、人均资本存量、人口密度数据作对数化处理。所有解释变量的方差膨胀因子（VIF）均小于10，可认为回归模型不存在多重共线性。

变量的描述性统计如表4-3所示。

表4-3　　　　　　　　　　变量的描述性统计

变量	符号	量纲	观测值	均值	标准差	最小值	最大值
人均产出	lny	元	144	10.60	0.51	9.35	11.75
人均资本存量	lnk	元	144	10.45	0.87	8.29	12.09
D-P修正指数	dpa	—	144	0.13	0.08	0.01	0.41
相对修正指数	$rfia$	—	144	0.03	0.05	0.00	0.25
人力资本	hc	人/万人	144	14.17	15.46	1.52	80.37
政府行为	$fisc$	%	144	9.18	3.36	4.91	20.39
外商直接投资	fdi	—	144	0.33	0.14	0.12	0.67
产业专业化	rzi	—	144	0.16	0.10	0.04	0.41
产业多样化	rdi	—	144	2.55	0.82	1.22	4.82
人口密度	$lnpopd$	人/平方公里	144	6.55	0.47	4.77	7.71

图4-2描绘了城市功能专业化与经济增长的拟合散点图，以直观反映两者的关系。由图4-2可见，D-P修正指数、相对修正指数与人均产出分别存在明显的正向线性关系。

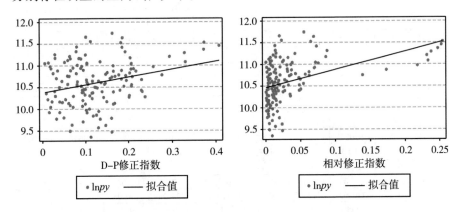

图4-2　城市功能专业化与经济增长的拟合散点图

第四节　实证结果及分析

豪斯曼检验结果显示，模型适用固定效应估计，结果如表 4 - 4 所示。考虑到数据可能存在异方差和自相关，系数下方括号内报告根据聚类稳健标准误计算的 t 值。结果显示，所有模型都不存在内生性问题，且都适用固定效应。第（1）列至第（7）列中依次引入人均资本存量、人力资本、外商直接投资、产业专业化、产业多样化、政府行为、人口密度变量；第（8）列、第（9）列进一步分别引入测量城市功能专业化的 D - P 修正指数、相对修正指数，包括了所有解释变量，是分析估计结果的依据。

表 4 - 4　城市功能专业化与经济增长：估计结果

变量	(1)	(2)	(3)	(4)	(5)	(6)	(7)	(8)	(9)
ln*k*	0.6589 ***	0.6321 ***	0.6555 ***	0.6344 ***	0.6383 ***	0.5351 ***	0.5363 ***	0.5401 ***	0.5443 ***
	(21.45)	(20.54)	(18.94)	(20.17)	(20.44)	(11.24)	(11.10)	(11.70)	(11.64)
hc		0.0053 **	0.0054 **	0.0053 ***	0.0055 ***	0.0068 ***	0.0067 ***	0.0065 ***	0.0059 ***
		(2.26)	(2.35)	(2.74)	(2.79)	(3.22)	(3.17)	(3.12)	(3.56)
fdi			-0.4102	-0.4966 *	-0.5103 **	-0.4283 **	-0.4255 **	-0.3702 **	-0.3825 **
			(-1.50)	(-1.95)	(-2.10)	(-2.26)	(-2.26)	(-2.42)	(-2.47)
rzi				0.8071 **	0.9262 ***	0.8038 ***	0.8023 ***	0.7519 ***	0.5939 ***
				(2.53)	(3.21)	(3.91)	(3.91)	(3.26)	(3.66)
rdi					0.0184	0.0102	0.0095	0.0112	0.0071
					(0.79)	(0.52)	(0.49)	(0.53)	(0.35)
fisc						0.0408 **	0.0409 **	0.0396 **	0.0371 *
						(2.14)	(2.12)	(2.09)	(1.93)
ln*popd*							0.0128 ***	0.0138 **	0.0121 *
							(2.63)	(2.25)	(1.87)
dpa								0.2524 **	
								(2.40)	
rfia									1.8797 ***
									(2.76)
C	3.7158 ***	3.9202 ***	3.8075 ***	3.9257 ***	3.8207 ***	4.5197 ***	4.4251 ***	4.3463 ***	4.5400 ***
	(11.57)	(12.63)	(11.86)	(13.91)	(13.10)	(13.92)	(12.96)	(12.36)	(12.98)
μ	yes	yes	yes	yes	yes	yes	yes	yes	yes
R^2	0.7813	0.7366	0.7018	0.7794	0.7747	0.7078	0.7083	0.7097	0.7026
F	460.00	270.60	183.67	206.80	170.75	222.23	220.05	207.83	240.39
N	144	144	144	144	144	144	144	144	144

注：*** 、** 和 * 分别表示 1%、5% 和 10% 的显著性水平；括号内数值为根据聚类稳健标准误计算的 t 统计值。

从表 4-4 可以看出，测量功能专业化的 D-P 修正指数、相对修正指数，估计系数为正且分别在 5% 和 1% 水平上显著。可见功能专业化对城市经济增长的正向作用是存在的：功能专业化意味着长三角城市群不同城市可以发挥其比较优势，即服务功能专业化城市可发挥人才、知识、技术等比较优势；而生产功能专业化城市可发挥其劳动力比较优势，这种比较优势在城市集聚经济的作用下得到加强，进而促进了城市经济增长。有必要指出，本章估计结果表明功能专业化的经济增长的影响是线性的，这与苏红键和赵坚（2011）得到的非线性（倒"U"型）结论不同。这种不同，可能源于城市样本选择的差异，更可能来自功能专业化指标选择的差异。

控制变量中，人均资本存量系数为正，且在 1% 水平显著，说明资本深化是决定城市产出水平的重要因素。长三角城市群经济发展过程中，仍然要重视物质资本投资。人力资本系数为正，且在 1% 水平显著，表明人力资本作为一种知识和技术创新的载体，在长三角城市经济增长过程中发挥正向作用。外商直接投资系数为负值，且在 5% 水平显著，可见近年来的外商直接投资对长三角城市群经济不再发挥正向的溢出效应，而长三角城市群制造业处于全球价值链低端的"锁定效应"开始显现。两个城市产业特征变量中，产业专业化系数为正，且在 1% 水平显著，而产业多样化变量不显著，说明长三角城市经济增长中，马歇尔外部性较为明显，而雅各布斯外部性较为微弱。政府行为变量系数为正，且在 5%（10%）水平显著，可见长三角城市群地方政府通过财政支出影响经济绩效的行为产生了积极效果。人口密度变量的系数显著为正，说明集聚经济对长三角城市经济增长的作用较为明显。

第五节　小　结

中国城市的功能专业化现象日益突出，对其测量方法和增长效应的探讨适逢其时。本章发展出基于迪朗东和普加（2005）的 D-P 功能专业化指数，以及自定义的相对功能专业化指数，进而估计城市功能专业化对经济增长的影响。利用长三角城市群的 16 城市 2003～2011 年面板数据，研究发现长三角城市群中心城市与外围城市间"服务—生产"功能分工存在增强趋势，在控制了人均资本存量、人力资本、政府行为、外商直接投资等因素后，城市功能专业化显著促进了经济增长。这一结果表明，城市应当明确自身功能定位，着重发展优势功能，以充分利用集聚外部性。

第五章

城市集聚与出口的共生机制

第一节 引 言

改革开放以来，中国城市经济和社会发展的不平衡状态加剧。据历年《中国城市统计年鉴》统计，作为中国经济的重心，东部城市表现出较强的集聚特征，在 2011 年集中了全国人口的 41.2%、就业的 54.1% 和 GDP 的 56.3%；与此同时，绝大多数出口活动也发生在东部城市，2000 年东部城市出口额占全国出口总额的 90.1%，2011 年和 2012 年这一数字分别为 89.9% 和 85.9%。这令人不禁产生疑问：中国的城市集聚与出口间是否存在一种相互强化、相互促进的共生机制？

现有研究大都证实了集聚对出口的推动作用。朱钟棣和杨宝良（2003）认为，由于本地市场效应的存在，对本地产品的一单位需求常引致多于一单位的生产，即产品有"净出口"，因而集聚有利于出口。赵婷和金祥荣（2011）利用 2007 年中国企业数据，发现出口企业的集聚对本土企业的出口决策和出口密度都具有正向溢出，而溢出效应存在行业差异和区域差异。孙楚仁等（2014）进一步发现，城市集聚对中国出口产品质量有显著的正向影响，并且对外资企业和一般贸易企业的影响最显著，对外资一般贸易企业的影响最大。邱斌和周荣军（2009）基于 1999～2007 年的企业数据，考察出口企业集聚对潜在出口者出口倾向的影响，发现两者间表现为倒"U"型关系，即出口集聚的溢出效应存在一定的限度。与上述研究结论不同，杨丽华（2013）对高技术产业出口的研究表明，上海产业集聚对出口贡献的弹性系数已经为负，长三角城市群产业集聚的负面效应开始显现，而本地市场效应对出口没有贡献。

除了集聚的出口效应，出口的集聚效应也值得关注。中国东部地区的城市集聚，不能忽视出口的贡献。例如，深圳从改革开放前的小渔村，发展为现今人口超过千万的超大城市，应部分归因于蓬勃的出口导向型经济。现有文献也涉及了出口的集聚效应。胡（Hu，2002）通过数据模拟考察贸易对制造业集聚的作用，发现由于经济开放度的增加和贸易成本的降低，中国制造业逐步向沿海地区集聚。葛（Ge，2006）的研究支持这一结论，外贸和外资依赖度较高的产业集聚在靠近海外市场的中国沿海地区，出口成为推动产业集聚的一个重要原因。与此相关的一系列研究都表明，对外开放显著促进了中国制造业的空间集聚（黄玖立、李坤望，2005；金煜等，2006；赵伟、张萃，2007；刘磊、张猛，2014）。

以上有关集聚和出口的研究有助于理解二者的关系，但仍存在两点不足：一是在理论上将集聚的出口效应与出口的集聚效应割裂开来，忽视了集聚和出口间相互强化、相互促进的逻辑关系。目前仅有张超（2012）通过对深圳、珠海和汕头等沿海开放城市的格兰杰（Granger）检验，以及对东莞、苏州等城市的面板分析证明，中间产品生产企业的空间集聚产生了出口与城市集聚之间内在的长期互动关系，既使企业在出口市场获得更多竞争力和市场份额，也导致企业所在城市的规模迅速扩张。二是回归分析中对集聚和出口的联立性所导致的内生性问题关注不够，由此采用的单方程模型容易造成估计结果的有偏和不一致。处理类似难题，古（Koo，2005）的方法具有代表性：在研究集聚与知识溢出的共生关系时，利用联立方程模型有效地控制回归模型中的内生性问题，结果发现与单方程估计相比，知识溢出对集聚的解释力大幅上升，集聚对知识溢出的估计系数也从不显著变得显著。

有鉴于此，本章利用2005～2011年中国204个城市的面板数据，分析城市集聚和出口的共生机制，并比较了这种共生机制在不同区域、不同时期、不同城市规模下的差异。本章构造了城市集聚与出口的联立方程模型，用三阶段最小二乘法处理内生性问题，从而得到较为可靠的参数估计结果。

第二节　理论分析

一、城市集聚的出口效应

城市集聚研究的一个最重要共识，是城市集聚能够产生收益递增效应。企业集中在特定的城市区域，通过劳动力共享、中间投入共享和知识溢出等渠道，能够产生外部性，以提高企业的生产率（Marshall，1920）。这里从六个维度来揭示城市集聚影响出口的理论机制。一是基础设施共享。与分散布局相比，出口企业在空间上的集聚使城市交通、通信、能源等基础设施得以规模化建造和集中化利用，降低了出口企业使用基础设施的分摊费用，节约了生产成本（Duranton and Puga，2005）。二是生产要素共享。城市集聚能够形成专业化劳动力市场，以及资金、设备、中间投入品市场，使出口企业容易获得稳定的生产要素供给，降低了搜寻、培训、运输等一系列成本。三是契约执行。城市的基础设施共享、生产要素共享可有效降低出口企业的资产专用性，从而缓解不完全契约带来的"敲竹杠"问题，降低企业进入国外市场的壁垒和沉淀成本，有利于提升企业的出口比较优势（王永进等，2009）。四是知识溢出。如果许多企业集中在同一城市，就意味着任何一个特定企业的雇员都较容易接触城市内其他企业的雇员。在交往过程中，参与者会各自提供部分知识以换取对方的知识（Glaeser and Maré，2001），这些溢出的知识有可能影响到企业的出口决定。五是竞争效应。集聚于同一城市区域会推进企业之间的竞争，这种竞争会激励企业进行产品、研发、工艺或流程等方面的创新，进而提升生产率（Porter，1990），而生产率高的企业往往倾向于扩大出口（Melitz，2003）。六是本地市场效应。在一个存在报酬递增和贸易成本的世界中，那些拥有相对较大国内市场需求的国家将成为净出口国，即产生"本地市场效应"（Krugman，1980）。与国家类似，城市内部的超常需求会引起大规模生产和高效率，使城市在满足自身需求之外还能捎带出口。

二、出口的城市集聚效应

对城市集聚的理论解释中，新古典贸易理论指出要素供给会决定产业区位，即强调"第一自然"对产业分布的影响；新贸易理论和新经济地理学则认为"第二自然"能促进产业的空间集聚，而正是对外贸易、产业联系以及要素流动构成了"第二自然"。出口是塑造一国经济地理的重要力量，对产业和城市分布产生重要影响，但这种影响是复杂的。一方面，出口迅速发展后，可能会使国内的经济活动趋于分散：封闭的市场往往催生特大城市，而开放的市场则会抑制特大城市扩张（Krugman and Livas, 1996）。例如，墨西哥在加入北美自由贸易区后，对美国贸易的成本大幅下降，工业开始从墨西哥城迁往墨西哥北部地区（Hanson, 1998）。又如，韩国的出口迅速扩张后，首尔仍是主要的设计、研发、销售和总部经济城市，但制造活动开始向首尔周边地区迁移（Henderson et al., 1998）。另一方面，出口能促进产业的空间集中，有利于形成大城市：出口导致市场范围扩大，促进分工，而分工带来了规模经济和前后向关联，进而加速产业集聚。当外向型经济成为经济增长的重要推动力时，进出口便利的城市就获得了更多优势，国内与贸易相关的产业和生产要素向这些城市集中。帕卢泽（Paluzie, 2001）就指出，全球贸易扩张会推动发展中国家城市、产业的空间集聚，因为贸易自由化使具有先发优势的区域获得更多机会来吸引生产要素。对欧盟和印度尼西亚的研究也证实，出口促进了制造业的空间集聚（Amiti, 1999；Sjoberg and Sjoholm, 2004）。

以上分析表明，城市集聚一般有利于出口；而出口对城市集聚的影响较为复杂，可能会吸引产业向出口规模相对较大的城市集聚，重塑经济地理。这意味着，在某些城市尤其是沿海城市，有可能存在一种循环累积因果律，使城市集聚和出口表现出相互强化、相互促进的共生机制。

命题 5.1：城市集聚通过多种渠道产生正的外部性，促进了出口扩张。

命题 5.2：出口对城市集聚产生影响，影响方向和程度与城市的出口规模有关。

第三节　研究设计

一、模型和变量

本章在理论分析的基础上，充分考虑城市集聚与出口之间可能存在的内生性，构建如下联立方程模型来考察两者的共生机制：

$$agg_{it} = \alpha_0 + \alpha_1\, ex_{it} + \alpha_2 hk_{it} + \alpha_3\, mp_{it} + \alpha_4\, ks_{it} + \alpha_5\, infra_{it} + \alpha_6\, fisc_{it} + \mu_i + \varepsilon_{it}$$

$$(5.1)$$

$$ex_{it} = \beta_0 + \beta_1\, agg_{it} + \beta_2 gdp_{it} + \beta_3\, fdi_{it} + \beta_4\, infra_{it} + \beta_5\, fisc_{it} + \mu_i + \zeta_{it} \quad (5.2)$$

式（5.1）为城市集聚方程，用于估计出口等解释变量对城市集聚的影响。agg 表示城市集聚，ex 为城市出口规模，两者均为内生变量。城市集聚的衡量通常有规模指标和密度指标两种。西科恩和霍尔（1996）指出，相对于人口或城市规模，就业密度能更好地反映城市集聚程度。因此，本章用就业密度即单位从业人员与土地面积的比值来衡量城市集聚。依据集聚理论，选择以下三个影响城市集聚的主要解释变量：要素禀赋理论强调地区禀赋条件所决定的比较优势，在中国资本流动较为自由而劳动力跨区域流动限制较大的背景下，选择人力资本来衡量城市的要素禀赋，以每万人中高等学校学生数表示，记为 hk；新经济地理学侧重从需求角度解释集聚，认为较大规模市场上市场需求份额增加将导致一个更大比例的产出份额增加，结果是众多产业因某一地区的需求规模优势而在该地区集聚起来，因此，用市场潜能来检验这种"本地市场效应"（范剑勇、谢强强，2010），用 mp 表示；传统的城市经济学则注重供给角度的马歇尔外部性，尤其强调知识外溢对城市集聚的促进作用，这里借鉴韩峰和柯善咨（2012）的研究，用科技事业支出额来衡量城市的知识外溢程度，用 ks 表示。此外，城市基础设施和地方政府行为也可能影响城市集聚。基础设施以城市人均道路铺装面积衡量，用 $infra$ 表示。根据陈敏等（2007）的研究，政府财政收支占地方经济总量的比例越大，地方政府越倾向于通过分割市场来保护本地企业，从而阻碍城市集聚。以城市政府的财政支出占

GDP 比重衡量政府行为，用 *fisc* 表示。*i* 和 *t* 分别表示城市和年份；μ 为城市固定效应；ε 为随机误差项；$\alpha_0 \sim \alpha_6$ 为待估系数。

式（5.2）为出口方程，用于估计城市集聚等解释变量对出口的影响。*ex* 和 *agg* 的含义与式（5.1）中相同，表示出口规模和城市集聚，均为内生变量。根据贸易引力模型，贸易流量与地区经济规模成正比，考察出口贸易不可忽略经济规模的影响（叫婷婷、赵永亮，2013），选择城市 GDP 表示经济规模，记为 *gdp*。考虑到中国相当一部分的出口由外商直接投资企业来承担，出口方程中考虑外商直接投资的作用，以外商直接投资工业企业产值占城市工业总产值比重表示，记为 *fdi*。基础设施和地方政府行为也可能影响出口，变量定义与式（5.1）相同，也用 *infra* 和 *fisc* 表示。*i* 和 *t* 分别表示城市和年份；μ 为城市固定效应；ζ 为随机误差项；$\beta_0 \sim \beta_5$ 为待估系数。

有必要说明市场潜能的测算。根据哈里斯（Harris，1954）以及韩峰和柯善咨（2012）的研究，市场潜能的计算公式为：

$$mp_i = \sum_{i \neq j} y_j / d_{ij} + y_i / d_{ii} \tag{5.3}$$

式（5.3）中，mp_i 为第 *i* 个城市的市场潜能；y_i、y_j 为第 *i*、*j* 个城市的当地最终需求，以市辖区全社会消费品零售总额来衡量；d_{ij} 为城市 *i* 和 *j* 之间的距离，利用城市中心坐标和距离公式 $\Theta \times \arccos((\alpha_i - \alpha_j)\cos\beta_i\cos\beta_j + \sin\beta_i\sin\beta_j)$ 来计算，其中，Θ 为地球大弧半径（6378 千米），α_i、α_j 表示两市中心点经度，β_i、β_j 表示两市中心点纬度；d_{ii} 为各城市的内部距离，计算公式为 $d_{ii} = 2/3\sqrt{S_i/\pi}$，其中，$S_i$ 为各城市市辖区面积。

二、数　据

本章样本为 2005～2011 年中国地级城市的面板数据。考虑到地级城市通常下辖农村地区，如果采用全市口径的统计数据将低估城市集聚的程度，因此，采用各地级市的市辖区口径数据。为保证数据的完整性和连续性，首先剔除数据缺失的拉萨以及巢湖、铜仁和毕节等 3 个撤销或新设市，再将考察期内市辖区面积变化较大的 73 个城市剔除，然后剔除人力资本数据不完整的 8 个城市，最终选取样本城市 204 个。出口规模来自历年《中

国区域经济统计年鉴》，其余数据来自历年《中国城市统计年鉴》。对所有
货币计价的数据，均调整至2003年不变价格，其中出口规模按年平均汇率
换算为人民币计价后再作调整。

三、描述性统计

变量的描述性统计如表5-1所示。为减轻异方差问题，在参数估计前对
就业密度、出口规模、人力资本、市场潜能和经济规模等变量作对数化处理。
所有解释变量的方差膨胀因子均小于10，可认为回归模型不存在多重共线性。

表5-1　　　　　　　　　变量的描述性统计

变量	符号	量纲	观测值	均值	标准差	最小值	最大值
就业密度	agg	人/平方公里	1428	186.84	229.56	1.65	1322.54
出口规模	ex	亿元	1428	313.64	1125.59	0.01	12721.55
人力资本	hk	人/万人	1428	400.17	360.72	17.14	2312.46
市场潜能	mp	亿元	1428	228.75	536.89	2.33	5677.68
科技事业支出	ks	亿元	1428	2.24	12.56	0.01	189.33
经济规模	gdp	亿元	1428	586.58	1247.07	7.08	13897.59
外商直接投资	fdi	—	1428	0.16	0.18	0.01	0.91
人均道路面积	infra	平方米/人	1428	8.55	5.87	0.02	64.00
财政支出	fisc	%	1428	13.46	7.36	2.89	65.00

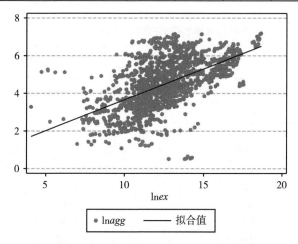

图5-1　城市集聚与出口的拟合散点图

图 5 - 1 为城市集聚与出口的拟合散点图,以直观反映两者的关系。由图 5 - 1 可见,城市集聚与出口间存在明显的正向线性关系。本章第四节进一步对这一关系进行回归分析。

第四节　实证结果及分析

一、基准估计

对全部样本的基准估计结果如表 5 - 2 所示。根据豪斯曼检验结果,首先对城市集聚方程和出口方程分别进行固定效应估计,单方程估计结果见第 2 列、第 3 列。城市集聚方程中,出口的估计系数为 0.01,且在 1% 水平上显著,初步验证了出口的城市集聚效应。人力资本、市场潜能和知识溢出变量的估计系数显著为正,与既有集聚理论对城市集聚决定因素的判断相吻合。基础设施和政府行为的系数也在 1% 水平显著为正,表明其有助于推进城市集聚。出口方程中,城市集聚的估计系数为 0.10,且在 5% 水平显著,初步验证了城市集聚的出口效应。经济规模、外商直接投资、基础设施及政府行为的系数为正,且均通过显著性检验,表明这些因素也会促进城市出口。

表 5 - 2　　　　　城市集聚和出口的共生机制:基准估计

变量	单方程 FE		联立方程 3SLS	
	ln*agg*	ln*ex*	ln*agg*	ln*ex*
ln*agg*		0.0961 ** (2.13)		0.3063 *** (8.74)
ln*ex*	0.0130 *** (5.00)		0.1182 *** (5.57)	
ln*hk*	0.0226 *** (3.87)		0.3566 *** (11.32)	
ln*mp*	0.0986 *** (4.54)		0.2967 *** (6.66)	
ln*ks*	0.0134 *** (5.08)		0.0462 (1.63)	

变量	单方程 FE		联立方程 3SLS	
	ln*agg*	ln*ex*	ln*agg*	ln*ex*
ln*gdp*		0.6936 *** (25.15)		0.8094 *** (20.09)
fdi		1.2115 *** (10.19)		4.1510 *** (18.27)
infra	0.0008 *** (2.87)	0.0038 ** (2.23)	0.0194 *** (3.49)	0.0365 *** (5.09)
fisc	0.0002 *** (1.50)	0.0042 ** (2.05)	- 0.0094 ** (- 2.35)	0.0079 (1.62)
C	2.7396 *** (9.73)	1.6413 *** (4.87)	- 3.4710 *** (- 7.54)	- 1.8391 *** (- 3.44)
μ	yes	yes		
adj-R^2	0.9996	0.9996	0.4997	0.6960
F	22642.47	17742.93		
N	1428	1428	1428	1428

注：***、** 和 * 分别表示 1%、5% 和 10% 的显著性水平；括号内数值为 t 统计值。

由于循环累积因果律的作用，城市集聚变量和出口变量间的联立性可能导致上述单方程估计存在内生性，从而使参数估计值有偏和不一致。试取出口的一阶滞后项、城市集聚的一阶滞后项作为工具变量，分别对城市集聚方程和出口方程进行豪斯曼内生性检验，结果均拒绝原假设，证明单方程估计确实存在内生性问题。因此，有必要对城市集聚方程、出口方程组成的联立方程系统进行估计。

就联立方程而言，采用普通最小二乘法（OLS）、加权最小二乘法（WLS）和二阶段最小二乘法（2SLS）估计所得系数可能存在偏误，应选用三阶段最小二乘法（3SLS）、广义矩估计（GMM）和完全信息极大似然法（FIML）等估计方法（高铁梅，2009）。此外，根据联立方程模型识别的阶条件，可知式（5.1）和式（5.2）为过度识别方程，可以得出方程的估计结果。基于此，本章以城市集聚的一阶滞后项、出口的一阶滞后项和所有外生变量作为工具变量，采用考虑了截面固定效应的三阶段最小二乘法来估计联立方程，所用计量分析软件为 EViews6.0，结果见表 5 - 2 中的第4列、第5列。

与单方程相比，联立方程中城市集聚变量、出口变量的估计系数明显变大，显著性也有所增强。联立方程中，出口和城市集聚变量的估计系数分别为0.12和0.31，且均在1%水平显著。这一方面验证了命题5.1，即城市集聚通过多种渠道产生正的外部性，促进了出口扩张；另一方面，命题5.2也得到了部分验证，即出口会对城市集聚产生影响，而且这一影响是正向的。基准估计结果说明，中国的城市集聚和出口间确实表现出相互强化、相互促进的共生机制。

采用联立方程估计后，城市集聚方程中其他控制变量的系数的绝对值较单方程估计有所增大。值得注意的是，政府行为变量系数为负，说明控制内生性问题后，地方政府通过分割市场来保护本地企业的做法（陈敏等，2007），会对城市集聚产生阻碍，这与韩峰和柯善咨（2012）的结论相同。出口方程中，其他控制变量的系数与单方程情形相比也有所增大。

二、分地区估计

中国城市的集聚水平、出口规模参差不齐，城市集聚和出口的共生机制也可能存在区域差异。进一步将全国按东、中、西部划分，进行分地区样本估计。204个样本城市中，东部城市73个，中部城市69个，西部城市62个。分地区样本的联立方程估计结果如表5-3所示。

表5-3　　　　　　城市集聚和出口的共生机制：分地区估计

变量	东部城市		中部城市		西部城市	
	lnagg	lnex	lnagg	lnex	lnagg	lnex
lnagg		0.0831 * (1.66)		0.1849 *** (3.87)		0.2090 ** (2.55)
lnex	0.1558 *** (3.76)		0.0799 (1.59)		-0.0072 (-0.22)	
lnhk	0.2265 *** (5.21)		0.4801 *** (6.92)		0.2803 *** (5.91)	

变量	东部城市		中部城市		西部城市	
	ln*agg*	ln*ex*	ln*agg*	ln*ex*	ln*agg*	ln*ex*
ln*mp*	0.3598 ***		0.1957 **		0.6145 ***	
	(5.36)		(2.03)		(9.80)	
ln*ks*	0.1763 ***		0.1975 ***		0.0515	
	(3.89)		(3.56)		(1.37)	
ln*gdp*		0.7559 ***		0.3954 ***		0.9067 ***
		(18.98)		(4.97)		(9.52)
fdi		3.1138 ***		2.3294 ***		5.2631 ***
		(14.81)		(4.61)		(9.30)
infra	0.0220 ***	0.0212 ***	0.0181	0.0368 **	0.0084	0.0014
	(3.87)	(3.62)	(1.25)	(2.41)	(0.63)	(0.06)
fisc	− 0.0332 ***	0.0246 **	− 0.0393 **	0.0223 ***	− 0.0102 **	0.0019
	(− 4.08)	(3.08)	(− 4.40)	(2.62)	(− 2.28)	(0.27)
C	− 2.6465 ***	1.5285 ***	− 2.8350 **	4.5233 ***	− 5.9307 ***	− 3.0977 ***
	(− 3.93)	(2.61)	(− 2.52)	(4.04)	(− 9.74)	(− 2.71)
adj-R^2	0.3308	0.7754	0.3813	0.1985	0.6117	0.5429
N	511	511	483	483	434	434

注：*** 、** 和 * 分别表示1% 、5%和10%的显著性水平；括号内数值为 t 统计值。

从表5-3可见，东部城市样本中，出口变量的估计系数为0.16 且在 1% 水平显著，城市集聚变量的系数为0.08 并通过10% 水平的显著性检验，可见在东部城市存在着城市集聚和出口相互强化、相互促进的共生机制。中、西部城市样本中，城市集聚变量的估计系数分别为0.18、0.21，均通过了1% 水平的显著性检验，说明城市集聚的外部性也促进了中、西部城市的出口；但出口变量的系数分别为0.08 和 − 0.01，且未通过显著性检验，说明出口难以推动中、西部的城市集聚。

出口的参数估计值表明，东部城市的出口能显著地推进城市集聚，吸引国内与贸易相关的产业和生产要素向这些城市集中。反观中、西部城市，出口对城市集聚的影响比较微弱。这就补充验证了命题5.2，即出口影响城市集聚的方向和程度与城市的出口规模有关。东部地区的对外开放早于中、西部，东部城市的出口规模也远远大于中、西部城市，东部地区出口份额占全国的 90% 左右。出口规模上的优势，使东部城市更容易通过出口扩张来吸引来自东部农村以及中、西部城市和农村的产业和人口，从而重塑了中国的经济地理。

三、分时期估计

基准估计证实了中国的城市集聚和出口间存在共生机制。那么，2008年金融危机爆发后，国际市场需求不振所导致的中国出口增长乏力对这一机制会产生怎样的影响？为回答这一问题，将全部样本划分为金融危机前的 2005~2007 年样本和金融危机后的 2008~2011 年样本，分别估计，结果如表 5-4 所示。

表5-4　　　　　城市集聚和出口的共生机制：分时期估计

变量	2005~2007 年		2008~2011 年	
	lnagg	lnex	lnagg	lnex
lnagg		0.4027 *** (7.03)		0.1429 *** (2.77)
lnex	0.1689 *** (4.39)		0.0219 (0.70)	
lnhk	0.3847 *** (7.28)		0.3494 *** (7.63)	
lnmp	0.2116 *** (2.82)		0.3698 *** (5.51)	
lnks	0.0704 * (1.70)		0.1044 ** (2.08)	
lngdp		0.8360 *** (11.99)		0.8819 *** (14.58)
fdi		3.5106 *** (9.55)		4.5258 *** (13.22)
infra	0.0050 (0.56)	0.0379 *** (3.41)	0.0344 *** (4.27)	0.0441 *** (4.14)

变量	2005～2007 年		2008～2011 年	
	lnagg	lnex	lnagg	lnex
$fisc$	－0.0026 （－0.28）	0.0287 ** （2.55）	－0.0062 （－1.13）	0.0067 （0.96）
C	－3.1039 *** （－4.09）	－2.6796 *** （－2.92）	－4.0078 *** （－5.70）	－2.4040 *** （－2.89）
adj-R^2	0.4930	0.7168	0.5183	0.6869
N	612	612	816	816

注：***、** 和 * 分别表示 1%、5% 和 10% 的显著性水平，括号内数值为 t 统计值。

从表 5－4 可见，2005～2007 年样本中，出口变量的系数估计值为0.17，城市集聚变量的系数估计值为 0.40，且均在 1% 水平显著。与全样本情形相比，这两个核心变量的系数值变大，说明在 2008 年金融危机爆发前，城市集聚和出口的共生机制较强。2008～2011 年样本中，城市集聚变量的系数减小为 0.14 但仍在 1% 水平显著，而出口变量的系数减小为 0.02且不再显著。可见，2008 年金融危机后，出口的增长速度放缓使其逐渐丧失了对城市集聚的促进功能。此现象的一个较好注脚是，2008 年金融危机冲击了部分沿海城市的出口企业，尤其是参与全球代工体系的劳动密集型出口企业，迫使企业减产或转向内销甚至倒闭，从而减弱了沿海城市对产业和人口的吸引。

四、稳健性检验

为验证上述回归结果的可靠性，有必要进行稳健性检验。稳健性检验的方法通常有选择不同解释变量、改变样本范围、变化参数取值等。此处的稳健性检验分别选用不同的城市集聚指标、不同的样本范围进行，结果如表 5－5 所示。

变换指标的稳健性检验中，用城市人口密度（即市辖区年末总人口与市辖区土地面积的比值）替换城市就业密度，作为城市集聚的衡量指标。表 5－5 中估计结果显示，城市集聚变量和出口变量的系数值分别为 0.32和 0.08，且均在 1% 水平显著，这与基准估计结果接近。

表5-5　　　　　　　城市集聚和出口的共生机制：稳健性检验

变量	变换指标		变换样本	
	lnagg	lnex	lnagg	lnex
lnagg		0.3150 *** (7.42)		0.5810 *** (5.35)
lnex	0.0795 *** (4.36)		0.1990 *** (4.22)	
lnhk	0.1667 *** (6.16)		0.0721 (0.90)	
lnmp	0.3060 *** (8.01)		0.1310 ** (2.36)	
lnks	0.0321 (1.32)		0.0062 (0.12)	
lngdp		0.8591 *** (22.15)		1.0285 *** (13.20)
fdi		4.2274 *** (18.52)		2.8134 *** (7.72)
infra	0.0056 (1.18)	0.0477 *** (6.82)	0.0083 (1.29)	0.0157 * (1.88)
fisc	-0.0024 (-0.72)	0.0077 (1.59)	-0.0247 * (-1.95)	0.0111 (0.73)
C	0.6477 (1.64)	-3.3337 *** (-6.43)	4.0071 *** (3.24)	-6.4566 *** (-5.05)
adj-R^2	0.3102	0.6967	0.2187	0.8593
N	1428	1428	168	168

注：*** 、** 和 * 分别表示1%、5%和10%的显著性水平；括号内数值为 t 统计值。

　　变换样本的稳健性检验中，从204个城市中选择24个大城市样本进行估计。[①] 其中，城市集聚变量系数估计值为0.58，而出口变量的系数估计值为0.20，远远大于204个城市的基准估计系数，且均通过1%水平的显著性检验。可见，城市集聚和出口的共生机制在大城市更强，这与命题

---

　　① 24个大城市为北京、天津、太原、呼和浩特、沈阳、大连、上海、南京、杭州、宁波、厦门、南昌、济南、青岛、郑州、广州、深圳、海口、成都、贵阳、昆明、西安、兰州、西宁。

5.2 提出的"影响方向和程度与城市的出口规模有关"相吻合：大城市与中小城市相比，城市集聚程度和出口规模都具有相当优势，有利于循环累积因果律发挥作用。

无论是变换指标还是变换样本，核心解释变量和控制变量的系数符号较全样本情形都未发生反转，显著性也无大的变动，说明基准回归的结果是稳健的。

第五节　小　结

本章在理论分析基础上，利用 2005～2011 年中国 204 个城市市辖区数据进行实证分析，并构造联立方程模型处理内生性，发现了城市集聚和出口相互强化、相互促进的共生机制。研究表明：城市集聚产生的外部性有利于出口，而出口扩张也会推动进一步的城市集聚；城市集聚和出口的共生机制在东部城市最强，中、西部城市集聚的出口效应显著为正，而出口的城市集聚效应不显著；2008 年金融危机后，外需不振使出口的城市集聚效应逐渐减弱；城市集聚和出口的共生机制在大城市比在中小城市更为强烈。

对城市集聚和出口共生机制的考察，为理解中国产业和人口向东部集聚、向大城市集聚的现实提供了一种新视角。改革开放以来，出口企业为满足国际市场需求，倾向于集聚在更有利于出口的东部城市和大城市，以利用城市集聚所产生的正的外部性来扩大出口。而出口扩张意味着拥有更广阔的市场，市场范围扩大会促进分工，而专业化分工产生了规模经济和前后向关联，进一步推进了东部城市和大城市集聚。城市集聚和出口的这种共生机制，是循环累积因果律在城市经济中的体现。

第六章

创意阶层集聚与城市创新

第一节 引 言

进入知识经济时代，城市的创新功能也日渐突出。与产业的集聚相比，创新活动的集聚更为强烈，而城市有能力集中知识、技术、思想、艺术和时尚，因此成为创新活动的主要场所和良好载体。国内外现实表明，城市吸引着越来越多的科技资源和高技术产业，往往集聚了一个国家或地区绝大部分的创新活动，城市尤其是大城市的创新水平在一定程度上决定了国家和地区的创新水平以及可持续发展能力。在中国实施创新驱动发展战略，倡导"大众创业、万众创新"的背景下，如何提升城市的创新水平，是政府部门和社会各界亟待解决的现实问题。

中国城市日益重视自身创新水平的提升，北京、上海和深圳等许多城市都提出了建设创新型城市的目标。从《2012 中国创新城市评价报告》对中国 20 个大城市的统计来看，各城市的创新水平仍存在很大的差异，表现出不平衡特征。如果以"百万人发明专利拥有量"衡量创新水平，2012 年得分最高的深圳为 4666.87、得分最低的重庆为 208.36，前者是后者的 22 倍。如果用"高技术产品出口额占商品出口额的比重"衡量创新水平，2012 年得分最高的苏州为 63.02、得分最低的哈尔滨为 5.13，后者仅为前者的 1/12。城市创新水平的巨大差异促使研究者思考：城市创新的决定因素有哪些？这些因素具体如何影响城市创新？

现有研究对城市创新决定因素的考察，明确了城市的公共制度、内部平台、全球联系程度、经济规模、创新投入，以及科技成果转化率等因素对创新水平的影响（倪鹏飞等，2011；曹勇等，2013）。然而，创新活动的主体是人，人在城市创新中的角色应得到更多的重视，因而有必要进一步考察人的创意和智力因素对城市创新的影响。本章从技术外部性视角出发，探讨创意阶层这一特殊人群的集聚是否促进了城市的创新水平。佛罗里达（Florida，2002）所强调的创意阶层，与舒尔茨（Schultz，1961）的人力资本概念互为补充：人力资本是体现于人身体上的知识、健康和能力，一般用劳动力的受教育年限测算；创意阶层则表现了个人潜在创造力和实际技能的应用，通常根据劳动力所从事的职业来判定（洪进、余文涛和杨凤丽，2011）。可见，创意阶层概念更侧重知识的转化和利用，与创新活动的关系也更为密切。本章考察创意阶层集聚的创新效应，为城市创新的决定因素研究提供了一种新思路，研究主要基于两类文献。

　　第一类文献是集聚外部性对创新的影响。现有的理论和经验文献基于货币外部性、技术外部性视角考察集聚对创新的影响。货币外部性视角的研究，主要关注集聚通过共享中间投入、共担研发风险、提升劳动力市场匹配度等机制降低企业的创新成本并提高企业的创新效率。波特（1998）认为，当创新活动集聚于一处时，完备的要素市场就得以建立，使集群内成员分享大量的专业化投入、大量的专业和训练有素的工人，以及大量诸如专利代理人、产品检测实验室和贸易组织等专门的商业服务。同时，集群内企业的实验成本得以降低，也可迅速从企业外部获得所需的资源以加速创新。赫尔斯利和斯特兰奇（Helsley and Strange，2002）构造的动态创新模型中，密集的投入品供应商网络降低了企业将新思想转化为现实的成本，进而推动创新。格拉克等（Gerlach et al.，2009）发现，与空间上孤立的企业相比，集群中的企业研发（R&D）投资规模更大，且能承担更高的 R&D 投资风险。法利克等（Fallick et al.，2006）关于硅谷员工跳槽的研究发现，职业流动性随产业集中程度的增强而上升，说明创新集群中的专业化工人无须改变区位就能便捷地匹配新岗位。

　　技术外部性文献的一个共识是，知识、技术在空间传播过程中存在时滞、衰减和扭曲，因此，知识溢出具有地方性特征。尤其是对难以编码的粘性知识而言，知识溢出随距离增加而衰减（梁琦、钱学锋，2007）。集聚有效避免了知识溢出的空间局限性，一方面降低了创新的不确定性和复杂性；另一方面通过累积的公共知识池推动了后续创新（Baptista and Swann，1998）。格莱泽等（Glaeser et al.，1992）认为，来自相同或不同产业的大量劳动力集聚在同一空间，使人与人之间迅速传递知识的创新环境得以建立，进而推动了产业创新。

第二类文献是创意阶层理论及其检验。佛罗里达（2002）开创的创意阶层（creative class）理论，为创新活动的发生机制提供了一种新的解释框架。创意阶层是劳动力中最具价值创造力和成长潜力的部分，其工作中包含较多创造性成分。这一阶层主要分为超级创意核心（super creative core）和创意专家（creative professionals）两个群体，前者由科学家与工程师、大学教授、艺术家、诗人、小说家、编辑、演员、智囊机构成员等组成，后者则涵盖高科技、法律、金融以及其他知识密集型行业的从业人员。创意阶层理论的基本逻辑是，人才、技术、宽容度三要素所构成的人文环境会吸引创意阶层定居，创意阶层进一步吸引创新性企业迁入和资本流入，同时创意阶层的服务需求创造中低收入服务岗位，进而带动区域经济增长（Hansen and Niedomysl，2009）。换言之，创意阶层密集的"创意中心"将会拥有更高的创新比例、更多的初创高科技企业、更强的岗位创造能力和更为持久的经济增长。

作为一种独特的理论视角和全新的区域政策工具，创意阶层理论吸引了许多学者进行经验研究。这些研究基于内生增长理论，致力于考察创意阶层集聚对区域和城市增长的影响。马莱和韦肯斯（Marlet and Woerkens，2004）基于荷兰 1996~2002 年的数据，发现创意阶层的相对规模与就业增长、城市宜居度之间存在正向联系。佛罗里达等（2008）分析美国 331 个城市数据后指出，相对于以学历为测定标准的人力资本而言，以职业划分的创意阶层更能显著地促进劳动生产率提升。安德森和格莱泽（Andersen and Lorenzen，2009）利用欧盟国别数据的分析表明，创意阶层与经济增长间存在显著的正向关联。洪进、余文涛、赵定涛（2011）利用 1999~2007 年中国省际面板数据考察创意阶层的经济效应，发现创意阶层集聚通过区域技术创新、城市化和产业结构等渠道促进劳动生产率。但是，劳施和内格雷（Rausch and Negrey，2006）对美国的研究却表明，创意阶层的规模对城市经济增长的影响并不显著。斯科特（Scott，2006）也指出，创意阶层的存在并不必然保证城市经济的长久繁荣，因此，需要鼓励、动员和引导生产性的学习和创新活动。

综合以上两类文献发现，主流的集聚理论在一定程度上忽视了创意阶层集聚这一种重要的集聚现象，未讨论其形成机制和经济效应。而创意阶层文献在理论和经验研究上都存在不足：在理论层面，创意阶层理论基于统计分析而提出，缺乏对创意阶层集聚影响创新这一机制的精细刻画，尤其是对创意阶层集聚所产生的技术外部性语焉不详，这就难怪格莱泽（2004）将创意阶层理论视作对人力资本理论的重新包装；在经验层面，文献更关注创意阶层集聚对经济增长的作用，鲜有经验研究直接探讨创意阶层集聚与创新的因果关系。

此外，如果利用中国城市数据考察创意阶层集聚对创新的影响，将至少面临以下两个数据难题：一是创意阶层统计口径的确定。由于中国缺乏佛罗里达（2002）式的创意阶层口径，需要基于现有统计数据合理评估城市创意阶层规模。二是城市创新数据的获取。与省级数据的可得性相比，各城市的 R&D 投入、专利授权量等数据口径不一或缺失严重，难以得到较高质量、较大样本量的城市创新数据，以致现有对城市创新决定因素的研究常局限于案例分析或小样本回归分析（曹勇等，2013），在一定程度上限制了结论的适用范围。

有鉴于此，本章尝试改进现有文献的上述不足。第一，将集聚理论和创意阶层理论相结合，基于技术外部性视角构建一个创意者居住选择模型，以揭示创意阶层集聚推动城市创新的机制。第二，解决了有关创意阶层集聚和城市创新的数据难题：基于现行统计口径，发展出与佛罗里达（2002）高度契合的城市创意阶层指标，用于测算城市创意阶层的空间集聚程度；城市创新用历年《中国创新城市评价报告》发布的 2007～2012年 20 个大城市数据衡量，较大样本的权威数据提升了研究结论的可靠性和适用性。第三，利用回归分析验证创意阶层集聚对城市创新的推动作用，以及这种因果关系的稳健性。

第二节　理论分析

伯利安特和藤田（Berliant and Fujita，2008）探讨了水平差异化知识的动态演进，描述了两个人之间知识创新和转移的微观过程，并揭示了知识创新过程中两个关键点：第一，知识异质性对人们成功地创造新思想非常重要；第二，知识创新过程会通过共有知识的积累来影响知识异质性。本章在此基础上引入空间因素，构建一个创意者居住选择模型，在微观层面上说明创意阶层集聚所产生的技术外部性如何促进了城市创新。[①]

假设创意阶层 C 由 $N(t)$ 个创意者组成，任一创意者 $i(i \in C)$ 在时点 t 的效用是其收入、消费水平的增函数，而收入、消费水平则取决于其拥有的知识存量 $K_i(t)$。由此，创意者的效用最大化问题归结为使其在任一时点 t 的知识增量最大。

在任一时点 t，创意者 i 选择居住于农村或城市。如果在农村居住，创意者 i 独立进行知识创新，其知识增量为：

$$\dot{K}_i^r(t) = \alpha \cdot K_i(t) \tag{6.1}$$

其中，$\dot{K}_i^r(t)$ 表示居住在农村的知识增量；α 为居住在农村的知识增长率。

如果在城市居住，创意者 i 与创意者 j（$i \in C$，$j \neq i$）会面，i 的知识增量包括两个部分：i 和 j 共同进行的知识创新 $KC_{ij}(t)$，以及 j 对 i 的知识转移 $KT_{ij}(t)$。知识创新、知识转移分别表示为：

$$KC_{ij}(t) = \beta \cdot [K_{ij}^c(t) \cdot K_{ij}^d(t) \cdot K_{ji}^d(t)]^{\frac{1}{3}} \tag{6.2}$$

$$KT_{ij}(t) = \gamma \cdot [K_{ij}^c(t) \cdot K_{ij}^d(t)]^{\frac{1}{2}} \tag{6.3}$$

$$KT_{ji}(t) = \gamma \cdot [K_{ij}^c(t) \cdot K_{ji}^d(t)]^{\frac{1}{2}} \tag{6.4}$$

其中，$KC_{ij}(t)$ 表示知识创新；$KT_{ij}(t)$、$KT_{ji}(t)$ 分别为 i 对 j、j 对 i 的知

[①]　本模型中，知识创新指新知识的产生；知识转移指独有知识有意识和无意识的扩散；技术外部性指知识创新中对他人独有知识的使用。

识转移；$K_{ij}^c(t)$ 表示 i 和 j 都具备的共有知识存量；$K_{ij}^d(t)$ 和 $K_{ji}^d(t)$ 分别为 i 和 j 各自具备的独有知识存量；β、γ 分别为知识创新、知识转移引致的知识增长率。可见，知识创新的大小取决于共有知识存量、双方独有知识存量，而知识转移的大小取决于共有知识存量、对方独有知识存量。

创意者 i 与创意者 j 会面的概率 $f(t)$ 服从古典概型，等于除 i 以外的创意者数量 $N(t)$ -1 与城市人口规模 $N^u(t)$ 的比值：

$$f(t) = \frac{N(t) - 1}{N^u(t)} \tag{6.5}$$

居住在城市还需承担高于农村的生活成本，主要包括住房和通勤费用。单中心城市中，这一成本与城市人口规模 $N^u(t)$ 有关（Glaeser，1999），可表示为：

$$KL_i(t) = \delta \cdot N^u(t) \tag{6.6}$$

根据式（6.2）至式（6.6），t 时点创意者 i 在城市居住的知识增量为：

$$\dot{K}_i^u(t) = f(t) \cdot [KC_{ij}(t) + KT_{ji}(t)] - KL_i(t) \tag{6.7}$$

创意者 i 在时点 t 选择在城市居住的均衡条件是，在城市的知识增量不小于在农村的知识增量，即 $\dot{K}_i^u(t) \geqslant \dot{K}_i^r(t)$。此时城市有 $N(t)$ 个创意者，城市的知识创新总量 $I(t)$ 为：

$$I(t) = f(t) \cdot KC_{ij}(t) \cdot N(t) \tag{6.8}$$

对式（6.8）进行整理，可得：

$$I(t) = KC_{ij}(t) \cdot [N^2(t) - N(t)] / N^u(t) \tag{6.9}$$

式（6.9）对 $N(t)$ 求导，有：

$$\frac{\partial I(t)}{\partial N(t)} = KC_{ij}(t) \cdot [2N(t) - 1] / N^u(t) \tag{6.10}$$

由式（6.10）可知，$\partial I(t)/\partial N(t) > 0$。理论模型说明，创意阶层集聚会推动城市创新，这一效应由创意者之间协同进行知识创新所引致。创意者在知识创新过程中利用了其他创意者的独有知识，即存在技术外部性。

第三节　研究设计

一、模型

理论模型基于技术外部性视角表明创意阶层集聚会促进城市创新，这一命题尚需实证检验。结合中国城市经济现实，构造以下回归模型：

$$innov_{it} = \beta_0 + \beta_1 \, agg_{it-1} + \beta_2 \, rde_{it-1} + \beta_3 X_{it-1} + \beta_4 Z_{it-1} + \mu_i + \varepsilon_{it-1}$$

$$(6.11)$$

其中，i 和 t 分别表示城市和年份；$innov$ 表示城市创新；agg 表示创意阶层集聚；rde 表示 R&D 投入这一知识生产函数中的主要自变量；X 表示技术外部性的其他来源；Z 表示影响城市创新的一系列环境变量；μ 表示城市固定效应；ε 为随机误差项；$\beta_0 \sim \beta_3$ 为待估系数向量。

回归模型中，解释变量和随机误差项均滞后一期，基于两点考虑：一是创新活动存在时滞，本期的 R&D 投入、创意阶层集聚等因素的创新效应通常在下一期显现（史修松等，2009；曹勇等，2013）。二是城市创新可能会影响 R&D 投入、技术外部性变量（包括创意阶层集聚）、环境变量等，即解释变量和被解释变量间存在联立关系，由此造成的内生性偏误可通过滞后解释变量来缓解。

二、数据和变量

样本个体为北京、天津、沈阳、大连、长春、哈尔滨、上海、南京、苏州、杭州、宁波、厦门、济南、青岛、武汉、广州、深圳、重庆、成都、西安 20 个大城市，样本期为 2007～2012 年。20 个大城市均为直辖市、省会城市或副省级城市，是创意阶层的重要集聚地，也是中国实现科技创新的主要载体，因而具有较好的代表性。数据来源于历年《中国城市统计年鉴》、《中国区域经济统计年鉴》、《中国创新城市评价报告》和部分城市统计年鉴。

（一）城市创新

已有研究中，创新的衡量指标包括专利授权量（Audretsch and Feld-man，1996；万广华等，2010）、专利申请量（史修松等，2009）、新产品开发项目数（Feldman and Audretsch，1999）和新产品产值（彭向、蒋传海，2011）等。正如彭向和蒋传海（2011）所指出的，以上每个指标都存在缺陷，采用基于多个指标的综合指标才能更好地反映创新特征。

用历年《中国创新城市评价报告》中的创新产出指标来衡量城市创新（见表6-1）。该指标由百万人发明专利拥有量、百万人美国专利拥有量、百万人技术合同成交额、百万人向国外转让的专利使用费和特许费、百万人驰名商标拥有量等5个二级指标的评价值加权综合而成。为消除量纲，二级指标的评价值由二级指标原值除以相应的评价标准得到。与专利授权量、新产品产值等指标相比，创新产出指标可更为全面地衡量各城市的创新水平。

表6-1　　　　　　　　　　　**城市创新的二级指标构成**

指标名称	数据来源	评价标准
百万人发明专利拥有量	科技统计资料	800件/百万人
百万人美国专利拥有量	美国联邦专利局	80件/百万人
百万人技术合同成交额	科技统计资料	20亿元/百万人
百万人向国外转让的专利使用费和特许费	国际收支平衡表	600万美元/百万人
百万人驰名商标拥有量	知识产权统计资料	10个/百万人

这里计算了各城市2007~2012年这6年的平均创新水平，以便了解城市创新的分布情况。由图6-1可见，20个大城市的创新呈现以下特点：首先，北京、深圳、上海、广州这4个一线城市具备较高的创新水平，北京更是全国创新的核心城市；其次，东部城市的创新水平明显高于中西部城市，创新水平最低的5个城市中就包括成都、长春、哈尔滨和重庆等4个中西部城市；最后，城市创新水平表现出较大的差异性，最高的北京（77.78）创新水平是最低的重庆（6.23）的近13倍。

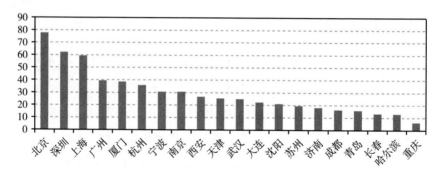

图 6 - 1　20 个大城市的平均创新水平

为考察 20 个大城市创新水平的差异程度，选取基尼系数、泰尔指数、平均对数离差（第二泰尔指数）三个指标进行评价（万广华，2008）。图 6 - 2 描述了 2007 ~ 2012 年城市创新差异的变动轨迹，6 年间 20 个大城市创新水平的差异逐步缩小，例如，基尼系数从 2007 年的 0.38 下降为 2012 年的 0.24。

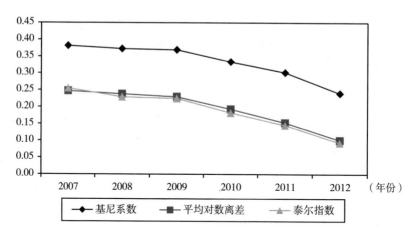

图 6 - 2　20 个大城市的创新水平差异

（二）创意阶层集聚

在许多国家和地区，由于统计口径与佛罗里达（2002）不同，研究者需要寻找能合理描述创意阶层的统计指标。洪进、余文涛和赵定涛（2011）用剔除了制造业工人、采掘业工人以及农、林、牧、渔业专业技术人员后的专业技术人员指标，近似衡量中国各省份的创意阶层规模。在城市层面，由于缺乏专业技术人员数据，需要采用其他统计指标。

按照《国民经济行业分类》（GB－T4754－2002），选择科研、技术服务和地质勘查业，教育业，文化、体育和娱乐业，信息传输、计算机服务和软件业，租赁和商务服务业，金融业等 6 个产业门类的城镇单位从业人员来衡量创意阶层。其中，前 3 个门类涵盖科学家、大学教师、艺术家等创造性最强的职业，其从业人员可代表"超级创意核心"；后 3 个门类为知识密集型行业，用其从业人员代表"创意专家"。佛罗里达（2002）所统计的建筑和工程类职业，在中国现实中主要表现为高体力劳动强度和低创造性，这里不予考虑；管理类职业分布于所有 6 个产业门类，因此不单独统计。两类统计口径的对照如表 6－2 所示。从表 6－2 可见，本章所划分的创意阶层统计口径，不仅与佛罗里达（2002）高度契合，而且反映了中国创意阶层的实际情况，因而具有合理性。

表 6－2　　　　　　　　　　创意阶层统计口径对照

创意阶层	佛罗里达（2002）职业分类	《国民经济行业分类》（GB－T4754－2002）
超级创意核心	计算机和数学类职业；生命科学、自然科学和社会科学类职业	科研、技术服务和地质勘查业
	教育、培训和图书馆类职业	教育业
	艺术、设计、娱乐、体育和媒体类职业	文化、体育和娱乐业
	建筑和工程类职业	—
创意专家	医疗和技术类职业	信息传输、计算机服务和软件业
	商业和财务运营类职业；法律类职业；高端销售和销售管理类职业	租赁和商务服务业 金融业
	管理类职业	—

创意阶层的集聚程度用区位熵表示，其计算公式为：

$$agg_i = \frac{C_i / E_i}{\sum C_i / \sum E_i} \tag{6.12}$$

其中，C_i 表示城市 i 中创意阶层的规模；E_i 表示城市 i 的总就业水平；$\sum C_i$ 表示全国创意阶层规模；$\sum E_i$ 表示全国的总就业水平。$agg_i > 1$ 意味着创意阶层在城市 i 集聚，取值越大则集聚程度越高。

（三）控制变量

R&D 投入（*rde*）是知识生产函数的主要自变量，与因变量创新间存在稳定的正向关联（Jaffe，1989）。这里用"R&D 经费支出占 GDP 比例"来衡量城市的 R&D 投入水平。

除创意阶层集聚外，城市的技术外部性可能有其他来源。有必要引入其他解释变量，以避免高估创意阶层集聚的创新效应。考虑以下三个技术外部性来源：（1）人力资本（*hc*）。人力资本和创意阶层的关系是互补而不是相互替代（Florida et al.，2008；刘奕、田侃，2013），人力资本一般用劳动力的受教育年限来测算，而创意阶层则表现了个人潜在创造力和实际技能的应用（洪进等，2011a）。这里用"大专以上学历人口占 6 岁以上人口比重"表示人力资本，能精确地统计进入生产过程的人力资本，比常用的高校在校生数、受教育年限等指标更接近人力资本的原意（张军、章元，2003）。（2）外商直接投资（*fdi*）。外商直接投资对中国的技术创新可能产生技术外溢，也可能产生抑制作用，已有研究得出促进论、抑制论和"双刃剑"论等多种结论（王红领等，2006）。这里用实际利用外商直接投资额占城市 GDP 的比重来衡量外商直接投资。（3）对外贸易（*trade*）。对外贸易提供了国际接触和学习交流的机会，"出口中学"（learning by exporting）有助于出口企业进行持续的产品创新和竞争力提升，进口则可以直接获取贸易伙伴国 R&D 投入的成果进而推动创新（Grossman and Helpman，1991）。这里用贸易依存度来衡量城市对外贸易。

此外，考虑以下四个影响城市创新的环境变量：（1）政府扶持力度（*gov*）。政府参与科技研发活动会影响城市创新，用"企业 R&D 经费支出中政府投入占比"来刻画政府对创新活动的扶持力度。（2）创新成果转化能力（*rdf*）。城市对创新成果的转化能力越强，越能激励更多的创新活动。本章用"研究机构和高校的 R&D 经费支出中企业投入占比"来刻画城市的创新成果转化能力，该比值越大说明城市产学研结合程度越高，创新成果转化能力越强。（3）城市人口规模（*pop*）。城市化经济可能促进知识溢出（Jacobs，1969），需控制城市人口规模的影响，用城市常住人口数表示。[①]（4）经济发展水平（*pgdp*）。经济发展水平较高的城市可能汇聚更多的创新要素和资源，有利于增加创新产出。经济发展水平用城市人均 GDP 表示。

以上控制变量中，R&D 投入、人力资本、创新成果转化能力、政府扶持力度和经济发展水平，都保留历年《中国创新城市评价报告》的算法，用指标原值除以相应的评价标准值得到无量纲的统计值。实际利用外商直接投资额、进出口贸易额按年平均汇率换算为人民币计价后再做调整。

三、描述性统计

以上各变量的描述性统计如表 6 - 3 所示。所有解释变量的方差膨胀因子（VIF）均小于 10，可认为回归模型不存在多重共线性。为减轻异方差问题，在估计前对城市人口规模作对数化处理。

表 6 - 3　　　　　　　变量的描述性统计

变量	符号	量纲	观测值	均值	标准差	最小值	最大值
城市创新	*innov*	—	120	32.31	20.58	3.52	87.22
R&D 投入	*rde*	—	120	2.31	1.05	0.85	5.82
创意阶层集聚	*agg*	—	120	0.93	0.28	0.39	1.74
人力资本	*hc*	—	120	14.41	5.90	3.77	33.67
对外贸易	*trade*	—	120	0.82	0.75	0.07	1.82
外商直接投资	*fdi*	%	120	4.69	2.52	0.75	13.16
创新成果转化能力	*rdf*	—	120	4.83	3.92	0.17	16.80
政府扶持力度	*gov*	—	120	7.25	8.04	0.86	30.97
经济发展水平	*pgdp*	—	120	5.09	2.07	1.23	11.11
人口规模	*pop*	万人	120	1091.4	583.54	304.00	2919.00

---

① 按现行统计法规，人均 GDP 核算根据常住人口进行。因此，对仅公布城市户籍人口的部分城市，用该市 GDP 与人均 GDP 的比值来估算当年的常住人口数。

为直观反映创意阶层集聚与城市创新的关系，图6-3描绘了二者的拟合散点图。由图6-3可见，创意阶层集聚与城市创新间存在较强的正向线性关系。本章第四节将对这一关系进行回归分析。

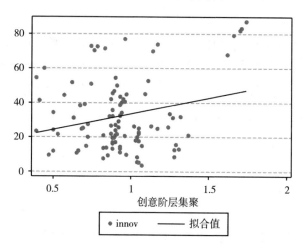

图6-3　创意阶层集聚与城市创新的拟合散点图

第四节　实证结果及分析

一、基准估计

此处选择固定效应进行面板数据估计。与随机效应相比，固定效应不要求解释变量与非观测效应不相关，其去均值处理能消除非观测效应可能产生的内生性问题。同时，豪斯曼检验值为24.17，p值为0.0072，也表明应选择固定效应。为进一步消除异方差，参数估计选用广义最小二乘法进行。D-W检验表明模型存在一阶序列相关，采用一阶差分法予以处理。

基准估计采用逐步添加解释变量的分步法，结果如表6-4所示。表6-4中，第（1）列为一元回归，考察创意阶层集聚对城市创新的影响；第（2）列引入R&D投入这一影响创新的主要变量；第（3）列至第（5）列依次考虑人力资本、外商直接投资和对外贸易等技术外部性来源；第（6）列至第（9）列则逐步添加政府扶持力度、创新成果转化能力、城市人口规模、经济发展水平等影响城市创新水平的环境变量；第（9）列包括所有解释变量，能最大限度地避免遗漏变量所导致的内生性，以此结果作为分析依据。

表6－4　　　　　　　创意阶层集聚与城市创新：基准估计

变量	(1)	(2)	(3)	(4)	(5)	(6)	(7)	(8)	(9)
agg	15.559***	18.017***	19.084***	19.354***	12.313***	14.444***	13.849***	11.615***	10.978***
	(4.29)	(7.36)	(32.72)	(14.89)	(7.55)	(6.09)	(5.41)	(5.73)	(5.93)
rde		1.425**	2.678***	2.629***	3.394**	3.375**	3.158**	2.192*	2.689**
		(2.17)	(3.27)	(3.40)	(2.65)	(2.62)	(2.30)	(1.75)	(2.02)
hc			1.584***	1.821***	2.757***	2.769***	2.573***	2.683***	2.416***
			(4.25)	(4.16)	(6.86)	(8.58)	(8.89)	(13.07)	(6.56)
fdi				-0.594***	-0.652***	-0.785***	-0.621***	-1.277***	-1.318***
				(-3.39)	(-6.24)	(-5.12)	(-5.62)	(-8.30)	(-11.50)
trade					-12.916***	-14.611***	-12.346***	-14.816***	-13.050***
					(-6.49)	(-4.56)	(-4.20)	(-5.22)	(-3.85)
gov						0.099***	0.105***	0.155***	0.135***
						(5.64)	(5.30)	(4.79)	(3.51)
rdf							0.157**	0.041	0.001
							(2.57)	(0.43)	(0.01)
lnpop								36.694***	28.399**
								(2.97)	(2.06)
pgdp									1.168
									(1.31)
AR (1)	0.877***	0.852***	0.599***	0.555***	0.345***	0.296***	0.324***	0.232***	0.271***
	(13.73)	(11.29)	(5.81)	(5.21)	(4.71)	(5.67)	(5.66)	(3.93)	(5.10)
C	56.440**	43.091**	-6.953*	-9.144**	-10.952***	-12.140***	-11.322***	-257.191***	-203.630**
	(2.32)	(2.04)	(-1.73)	(-2.31)	(-6.86)	(-4.11)	(-4.65)	(-3.11)	(-2.22)
μ	yes	yes	yes	yes	yes	yes	yes	yes	yes
adj-R^2	0.973	0.972	0.974	0.971	0.973	0.975	0.974	0.974	0.972
D－W	2.08	2.07	2.21	2.15	1.98	1.86	1.90	2.06	1.97
F	136.25	125.80	128.27	112.11	113.95	119.36	112.56	107.01	95.15
N	120	120	120	120	120	120	120	120	120

注：***、**和*分别表示1%、5%和10%的显著性水平；括号内数值为t统计值。

从表6－4可见，创意阶层集聚的系数估计值为10.98，且在1%水平上显著。这一结果验证了理论模型的结论，即创意者集聚于城市，会通过相互间的协同进行知识创造，从而在城市层面表现为创新的增加。R&D投入的系数估计值为 2.69 并通过 5% 显著性检验，表明城市的 R&D 经费支出与城市创新间存在显著的正向关系。

创意阶层集聚以外的三个技术外部性来源中，人力资本、外商直接投资和对外贸易的系数估计值分别为 2.42、- 1.32 和 - 13.05，且均在 1% 水平上显著。人力资本规模推动城市创新，符合内生增长理论的基本判断。外商直接投资对城市创新有抑制作用，说明外资企业并未产生有效的技术外部性，反而在一定程度上挤占了城市的创新资源。对外贸易对城市创新的消极影响，可能与为数众多的加工贸易企业处于全球价值链低端"锁定"状态，缺乏知识吸收的意愿或能力有关。

影响城市创新的四个环境变量中，政府扶持力度的系数估计值为 0.14 并通过 1% 显著性检验，表明现阶段政府对 R&D 活动的参与有效促进了城市创新。创新成果转化能力的估计系数为 0.001 但不显著，表明产学研结合程度尚不足以推动城市层面的创新活动。城市人口规模的系数估计值为 28.40，且在 5% 水平上显著，证实了城市化经济有利于知识溢出。经济发展水平的系数估计值为 1.17，但未通过显著性检验，表明经济发展水平与城市创新水平间并不存在较强的因果关系。

二、稳健性检验

基准估计结果表明，创意阶层集聚显著促进了城市创新。这一研究结论是否可靠，尚需进行稳健性检验。稳健性检验的方法通常有替换核心解释变量、改变样本范围、采用其他估计方法、变化参数取值等。此处的稳健性检验用替换核心解释变量、改变样本范围进行，结果如表 6 - 5 所示。

表 6 - 5 　　　　　　创意阶层集聚与城市创新：稳健性检验

变量	（1）	（2）	（3）	（4）	（5）	（6）
agg	4.286 * (1.94)	9.203 *** (5.46)	7.225 ** (2.34)	28.383 *** (5.26)	19.165 *** (4.28)	20.175 *** (9.73)
rde	3.189 ** (2.53)	2.419 * (1.90)	3.627 *** (2.86)	3.578 *** (3.70)	1.776 *** (2.92)	4.232 *** (12.85)

变量	(1)	(2)	(3)	(4)	(5)	(6)
hc	2.401 *** (6.67)	2.549 *** (8.41)	3.165 *** (5.93)	2.282 *** (4.72)	2.050 *** (4.11)	0.704 *** (4.63)
fdi	−1.309 *** (−8.03)	−1.216 *** (−24.54)	−1.138 *** (−7.96)	−1.422 *** (−6.66)	−1.992 *** (−10.81)	−1.158 *** (−5.19)
$trade$	−12.365 *** (−4.69)	−15.291 *** (−4.84)	−16.582 *** (−6.23)	−17.648 ** (−2.10)	−9.429 ** (−2.27)	−8.952 *** (−6.41)
gov	0.120 *** (3.05)	0.125 *** (2.98)	0.352 *** (2.75)	0.146 *** (2.98)	0.199 *** (4.20)	0.023 *** (11.36)
rdf	0.064 (0.58)	0.008 (0.08)	−0.016 (−0.13)	−0.191 (−1.75)	0.005 (0.05)	0.071 (0.75)
$\ln pop$	25.316 * (1.97)	26.276 * (1.85)	24.707 ** (2.23)	29.729 * (1.87)	66.772 *** (7.95)	10.153 * (1.87)
$pgdp$	1.315 (1.44)	1.028 (1.26)	−0.209 (−0.17)	0.926 (0.89)	1.569 (1.21)	3.424 *** (20.42)
AR (1)	0.259 *** (4.85)	0.293 *** (6.55)	0.255 *** (4.07)	0.237 *** (3.55)	0.128 * (1.96)	0.309 *** (18.13)
C	−178.181 ** (−2.06)	−188.474 * (−1.99)	−172.162 ** (−2.25)	−217.565 ** (−2.13)	−467.703 *** (−8.27)	−81.721 ** (−2.40)
μ	yes	yes	yes	yes	yes	yes
adj-R^2	0.974	0.976	0.968	0.949	0.974	0.989
D−W	2.00	1.96	2.08	2.07	2.25	2.21
F	103.83	110.17	73.47	47.43	94.14	200.13
N	120	120	84	96	96	100

注：*** 、** 和 * 分别表示1%、5%和10%的显著性水平；括号内数值为 t 统计值。第（3）列剔除的6个中西部城市、第（4）列剔除的4个直辖市、第（5）列剔除的4个一线城市各自构成的子样本容量均偏小，导致计量模型的自由度不符合要求，因此，未估计这三类城市子样本。

替换核心解释变量。第（1）列用超级创意核心集聚替换创意阶层集聚，以排除创意专家集聚的影响。超级创意核心集聚的系数估计值为4.29，且在10%水平显著，表明超级创意核心的集聚能有效推进城市创新。第（2）列则用创意专家集聚替换创意阶层集聚，以排除超级创意核心集聚的影响。创意专家集聚的系数估计值为9.20，且通过1%水平的显著性检验，可见创意专家的集聚会提升城市创新水平。

改变样本范围。第（3）列剔除长春、哈尔滨、武汉、重庆、成都、西安6个中西部城市，选取14个东部城市子样本进行回归，创意阶层集聚的估计系数为7.23，且在5%水平显著，表明东部城市的创意阶层集聚有助于城市创新。第（4）列剔除北京、上海、天津、重庆4个直辖市，选取16个非直辖市子样本进行回归，创意阶层集聚的估计系数为28.38，且通过1%水平的显著性检验，说明创意阶层集聚对非直辖市的创新产生正向影响。第（5）列剔除北京、上海、广州、深圳4个一线城市，选取16个非一线城市子样本进行回归，创意阶层集聚的估计系数为19.17，在1%水平显著，表明创意阶层集聚提升了非一线城市的创新水平。第（6）列则剔除2012年数据，选取2007~2011年子样本进行回归，创意阶层集聚的系数估计值为20.18，通过1%水平的显著性检验，表明创意阶层集聚仍然促进了城市创新。

以上六个回归模型中，创意阶层以外的其他解释变量系数符号和显著性与基准估计中基本一致。这表明，创意阶层集聚促进了城市创新的研究结论是稳健的。

第五节　小　结

观察城市创新活动，有必要将视角延伸至具备创新能力的城市阶层。创意阶层的崛起带来了新的财富和新的创造力，成为影响城市经济增长的重要力量。那么，创意阶层集聚是否有利于城市创新？本章首先基于伯利安特和藤田（2008）的研究构造创意者居住选择模型，描述了创意阶层集聚影响创新的机制。模型结论显示，创意阶层集聚所产生的技术外部性会推动城市创新。

进一步地，基于现有统计口径，本章提出与佛罗里达（2002）高度契合的中国城市创意阶层统计指标，并依据历年《中国创新城市评价报告》的综合评价指标衡量城市创新水平。随后，利用2007~2012年中国20个大城市面板数据，实证分析了创意阶层集聚对城市创新的影响，对全样本的基准估计表明创意阶层集聚有助于提升城市创新水平。对城市、时期子样本的回归则显示，创意阶层集聚与城市创新间的因果关系具有稳健性。

第七章

制造业集聚的增长效应

第一节 引 言

产业发展水平的差异，可在一定程度上归因于空间集聚程度的不同。集聚于特定区域的各产业间有经济关联和知识关联，即存在正外部性，使各产业的生产率得以提高。因此，产业集聚对产业增长具有促进作用。但是，过度集聚将产生负外部性，降低产业生产率，进而迫使产业在区域内重新选址，甚至转移到区域外。产业转移意味着原有集聚状态的瓦解和扩散，这可能对产业增长产生阻碍。如何在产业转移中趋利避害，继续利用正外部性来维持产业增长优势，是有待深入研究的问题。

基于这一认识，本章以长三角城市群制造业为例，讨论产业转移背景下制造业集聚的增长效应。改革开放以来，长三角地区充分发挥比较优势，融入制造业全球价值链，得以建立起门类齐全的制造业体系。在制造业推动下，城市化快速推进，长三角城市群已成长为具有较大影响力的世界级城市群。但进入 21 世纪后，由于劳动力、土地、环境等资源约束加剧，长三角城市群面临劳动力成本上升，地价、房价快速上涨，节能减排压力增大等问题，制造业开始向城市群外尤其是中西部内陆地区转移（高波等，2012；曲玥等，2013）。与此同时，由于各城市发展水平差异较大，长三角城市群内部也存在制造业转移，其中从上海向江浙各城市的转移尤为明显（范剑勇，2004；陈建军，2007；靖学青，2010）。那么，在"群外转移"和"群内转移"并存的"双重转移"情形下，长三角城市群的制造业如何利用空间集聚优势实现增长，本章试图对此做出回答。

产业集聚会产生正外部性。按产生机制的不同，正外部性分为技术外部性和货币外部性两类，前者来自厂商间的知识关联，后者则源于经济关联（Scitovsky，1954）。在马歇尔（1920）的论述中，技术外部性表现为知识溢出。如果处于相同产业的许多企业集中在同一地区，就意味着任何一个特定企业的雇员都较容易接触来自当地其他企业的雇员。在交往过程中，参与者会各自提供部分知识以换取对方的知识，这些知识将提高他们进行市场竞争的能力（Glaeser and Maré，2001）。产业集聚的优势在于集聚区域内所有个体的相互接触机会最大化，从而改善了区域内全体成员可获取的知识。而马歇尔（1920）所提出的劳动力共享机制和中间投入共享机制，则是货币外部性的体现。新经济地理学基于规模报酬递增，对这一观点进行扩展。在克鲁格曼（1991）的核心—边缘模型中，历史的偶然因素所导致的制造业集聚，会通过厂商、工人间的经济关联得到强化，制造业前、后向联系所产生的价格指数效应和本地市场效应，将引起制造业的进一步集聚。

正外部性的发挥受距离的限制。罗森塔尔和斯特兰奇（2004）指出，产业距离、地理距离和时间距离都会影响集聚的效应。产业距离考察企业获得的外部性是来本产业还是其他产业，来自前者的外部性称为地方化经济（Marshall，1920），而来自后者的外部性称为城市化经济（Jacobs，1969）。此外，地区专业化和多样化的程度，也用来说明外部性的产业距离。地理距离则强调，集聚外部性的作用随着空间的疏远而减弱：如果经济主体在空间上接近，则相互交往的可能性会增大。时间距离的核心论题是，集聚外部性是动态的还是静态的，地方化经济、城市化经济的动态形式分别称为马歇尔外部性、雅各布斯外部性（Marshall，1920；Arrow，1962；Rome，1986；Jacobs，1969）。此外，竞争、产业组织等因素，也会影响正外部性的作用强度（Porter，1990；Saxenian，1994）。

理论分析基础上，有大量经验研究证实了产业集聚的正外部性。中村（1985）利用日本的数据，同时考察了地方化经济和城市化经济对生产率的相对影响，发现产业规模倍增使生产率提高了4.5%，城市人口倍增则导致生产率提高了3.4%。亨德森（1986）对美国、巴西的经验研究中，发现了地方化经济的大量证据，城市化经济的证据却并不明显。亨德森等（1995）研究了美国3个高科技产业和5个成熟产业1970～1980年间的增长，结果在成熟产业中发现了专业化的正向作用。傅十和和洪俊杰（2008）利用中国2004年经济普查数据中的制造业企业数据，估计了地方化经济和城市化经济对不同规模的制造业企业绩效的影响，结果表明，集聚经济的影响同企业规模和城市规模密切相关：不同规模的企业在不同规模的城市中受益于不同种类的集聚经济。柯善咨和姚德龙（2008）利用2005年截面数据，分析地级城市的工业集聚和劳动生产率的关系，结果表明，中国工业的相对集聚和劳动生产率互为因果、互相强化。

产业集聚也会产生负外部性，通常称为拥挤效应。理论上来看，冯·杜能（1986）在其"孤立国"模型中提出，地租与生活成本高企会使厂商在区位选择上离开市中心，这是拥挤效应最直接的表现。亨德森（1974）构建的城市模型中，均衡时城市存在最优规模，当城市超过了最优规模时，集聚效应会向拥挤效应转变。克鲁格曼（1991）认为，集聚厂商间的竞争会产生拥挤效应，成为阻碍集聚的离心力。经验研究方面，亨德森（1986）发现正外部性随城市规模的不断扩大而衰弱，说明了负外部性的存在。里佐夫等（Rizov et al.，2012）利用荷兰1997～2006年的企业数据的研究表明，集聚程度与TFP的增长率存在负相关关系，说明拥挤效应抑制了TFP增长。林等（Lin et al.，2011）对中国纺织业集聚的研究则显示，集聚程度与劳动生产率的关系呈倒"U"型，劳动生存率受抑制部分可归因于拥挤效应的存在。

由此可见，正外部性和负外部性同时存在于地区经济活动中。正外部性大于负外部性时，引起产业集聚。产业的进一步集聚导致负外部性变强，当负外部性大于正外部性时，集聚状态瓦解，发生产业转移。循着这一逻辑，本章从集聚外部性视角出发，将长三角城市群制造业的集聚与转移纳入同一分析框架：通过集聚程度的变动判断是否出现制造业转移，在估计制造业集聚的增长效应的同时，考察产业转移对长三角城市群制造业的影响。

为全面捕捉制造业集聚的增长效应，将长三角城市群的制造业集聚分为两个维度：专业化水平和空间集中程度。专业化水平衡量城市群制造业相对于全国平均水平的集聚强度；空间集中程度衡量制造业在城市群内部的分布情况。这一分解同时可用于测量制造业转移。根据陈建军（2007）的研究，经济联系较为密切的两地区间即便没有发生可以观察到的直接投资，只要制造业重心有变动，即可断定发生了制造业转移。因此，如果专业化水平下降，就说明长三角城市群相对于全国集聚强度有所减弱，即发生了制造业的群外转移。而制造业在城市群内分布情况的改变，既可能由群外转移引起，也可能是群内转移导致，所以，空间集中程度的变动可用于判断双重转移。

第二节　制造业集聚的事实

一、专业化水平与群外转移

制造业的专业化水平，可用各行业的区位熵来衡量（梁琦，2009）。区位熵测度了某一区域的产业在全国范围内的专业化优势，其计算公式为：

$$LQ_i = \frac{X_i / \sum X_i}{Y_i / \sum Y_i} \tag{7.1}$$

其中，LQ_i 表示行业 i 的区位熵；X_i 表示城市群中行业 i 的就业水平；$\sum X_i$ 表示城市群的总就业水平；Y_i 表示行业 i 的全国就业水平；$\sum Y_i$ 表示全国的总就业水平。$LQ_i > 1$ 意味着行业 i 在长三角城市群有较高的专业化水平，取值越大则专业化水平越高。

本章利用国研网产业数据库，收集整理了 2003～2011 年长三角城市群 21 个两位数制造业的就业数据，统计口径为全部国有及规模以上非国有工业企业。[①] 基于该数据计算区位熵，并将 2003 年和 2011 年的结果列于表 7–1 中。

---

① 21 个两位数制造业行业包括：农副食品加工业，食品制造业，饮料制造业，烟草制品业，纺织业，纺织服装、鞋、帽制造业，造纸及纸制品业，石油加工、炼焦加工业，化学原料及化学制品制造业，医药制造业，化学纤维制造业，非金属矿物制品业，黑色金属冶炼及压延加工业，有色金属冶炼及压延加工业，金属制品业，通用设备制造业，专用设备制造业，交通运输设备制造业，电气机械及器材制造业，通信设备、计算机及其他电子设备制造业，仪器仪表及文化、办公用机械制造业。

表 7 – 1　　　　2003 年和 2011 年长三角城市群制造业的专业化水平

行业	区位熵			城市群占全国比重		
	2003 年	2011 年	变动(%)	2003 年	2011 年	变动(%)
农副食品加工业	0.94	0.63	– 32.98	0.14	0.08	– 40.25
食品制造业	1.48	0.93	– 37.16	0.19	0.10	– 46.75
饮料制造业	1.11	0.79	– 28.83	0.20	0.12	– 40.98
烟草制品业	0.69	0.59	– 14.49	0.18	0.21	14.26
纺织业	3.22	2.95	– 8.39	0.49	0.38	– 23.75
纺织服装、鞋、帽制造业	3.63	2.68	– 26.17	—	—	—
造纸及纸制品业	1.71	1.61	– 5.85	0.28	0.21	– 22.03
石油加工、炼焦加工业	1.01	0.52	– 48.51	0.19	0.14	– 23.48
化学原料及化学制品制造业	1.87	1.80	– 3.74	0.31	0.31	– 1.68
医药制造业	1.71	1.52	– 11.11	0.26	0.21	– 20.88
化学纤维制造业	3.99	4.96	24.31	0.64	0.73	14.06
非金属矿物制品业	1.17	0.99	– 15.38	0.20	0.14	– 32.09
黑色金属冶炼及压延加工业	0.95	1.05	10.53	0.23	0.20	– 15.35
有色金属冶炼及压延加工业	1.02	1.01	– 0.98	0.23	0.15	– 32.62
金属制品业	3.18	2.45	– 22.96	0.42	0.29	– 30.76
通用设备制造业	3.29	2.76	– 16.11	0.48	0.32	– 33.51
专用设备制造业	1.94	2.14	10.31	0.30	0.25	– 17.31
交通运输设备制造业	2.04	2.18	6.86	0.29	0.26	– 11.07
电气机械及器材制造业	2.90	2.73	– 5.86	0.36	0.37	2.96
通信设备、计算机及其他电子设备制造	2.52	2.60	3.17	0.33	0.36	11.32
仪器仪表及文化、办公用机械制造业	2.55	3.03	18.82	0.35	0.46	34.22

　　由表 7 – 1 可见，2003 年除农副产品加工业、烟草制品业、黑色金属冶炼及压延加工业外，21 个行业中区位熵大于 1 的多达 18 个，在纺织业、装备制造业等领域，尤其呈现集聚发展的态势，其区位熵大都在 2 以上。可见，长三角城市群作为中国工业化进程启动较早、程度较高的地区，其制造业表现出很高的专业化水平。但近年来，由于生产要素价格调整和产业向城市群外转移，制造业的专业化水平有所下降。2011 年，区位熵大于 1 的行业减少为 15 个，食品制造业，饮料制造业，石油加工、炼焦加工业等行业已由集聚转为扩散。与 2003 年相比，2011 年大多数行业的区位熵有所下降，制造业群外转移的态势非常明显。但应看到，还有 6 个行业的

专业化水平有所提升，其中包括专用设备制造业，交通运输设备制造业，通信设备、计算机及其他电子设备制造，仪器仪表及文化、办公用机械制造业等4个资本技术密集型行业，说明长三角城市群在部分高端制造业领域仍具备集聚力。

作为对照，利用《中国工业经济统计年鉴》的行业总产值数据，计算出2003～2011年长三角城市群21个两位数制造业行业占全国的比重（见表7-1），限于统计口径，纺织服装、鞋、帽制造业与纺织业合并计算。对多数行业而言，城市群占全国的比重也表现出下降趋势，说明确实存在制造业的群外转移，这与区位熵指标的结论是一致的。与城市群占全国的比重指标相比，区位熵指标不仅考虑了城市群制造业份额与全国制造业份额的相对差异，基于就业数据的计算也能避免地区价格差异的影响，因而更为准确。

专业化生产所代表的产业集聚在一定程度上是自然资源分布不平衡的结果。在产业集聚的形成原因中，气候类型、原材料的存在等自然资源因素通常被称为"第一自然"，规模经济因素则被称为"第二自然"（Ottaviano and Thisse，2004）。为区分自然资源、规模经济对制造业集聚的不同影响，本章将21个制造业行业分为资源依赖型行业和非资源依赖型行业。① 资源依赖型行业的集聚同时受自然资源、规模经济的影响，非资源依赖型行业的集聚则主要取决于规模经济。测量结果显示，资源依赖型行业的区位熵平均值2003年为1.07，2011年为0.91，产业集聚程度不高；非资源依赖型行业的区位熵平均值2003年为2.53，2011年为2.39，产业集聚程度较高。可见，在长三角城市群，规模经济是制造业集聚的主要动力，自然资源的集聚作用较弱。

二、空间集中程度与双重转移

长三角城市群制造业的空间集中程度，可用空间基尼系数进行测量。

---

① 资源依赖型行业有7个：农副食品加工业，烟草制品业，造纸及纸制品业，石油加工、炼焦加工业，非金属矿物制品业，黑色金属冶炼及压延加工业，有色金属冶炼及压延加工业。其余14个行业为非资源依赖型行业。

空间基尼系数将区域内某一产业的空间分布与其他产业对比，应用广泛（贺灿飞、潘峰华，2007）。其计算公式如下：

$$SG_i = \frac{1}{2n^2\mu} \sum_j \sum_k |S_{ij} - S_{ik}| \tag{7.2}$$

其中，SG_i 为行业 i 的空间基尼系数；S_{ij} 和 S_{ik} 为行业 i 在长三角城市群内城市 j 和城市 k 的比重；μ 为该制造业行业在各个城市比重的平均值；n 为城市的个数。某行业的空间基尼系数越大，表明其空间集中程度越高。

利用长三角城市群内 25 个城市历年统计年鉴，整理出 2003～2011 年各城市的 21 个两位数制造业的就业数据，利用该数据计算空间基尼系数，并将 2003 年和 2011 年的结果列于表 7-2 中。

表 7-2   2003 年和 2011 年长三角城市群制造业的空间集中程度

行业	空间基尼系数			上海占城市群比重		
	2003 年	2011 年	变动(%)	2003 年	2011 年	变动(%)
农副食品加工业	0.44	0.42	-5.64	0.13	0.08	-38.85
食品制造业	0.68	0.64	-6.33	0.39	0.35	-11.23
饮料制造业	0.70	0.59	-14.96	0.18	0.14	-20.06
烟草制品业	0.83	0.85	2.28	0.40	0.48	19.59
纺织业	0.56	0.53	-4.67	0.07	0.03	-56.74
纺织服装、鞋、帽制造业	0.53	0.44	-16.32	—	—	—
造纸及纸制品业	0.63	0.57	-10.60	0.13	0.11	-17.24
石油加工、炼焦加工业	0.84	0.78	-6.33	0.45	0.31	-30.21
化学原料及化学制品制造业	0.55	0.44	-20.58	0.20	0.13	-31.78
医药制造业	0.58	0.49	-15.34	0.23	0.14	-37.33
化学纤维制造业	0.67	0.71	6.30	0.06	0.01	-86.18
非金属矿物制品业	0.50	0.34	-31.40	0.20	0.10	-50.31
黑色金属冶炼及压延加工业	0.76	0.61	-19.60	0.35	0.15	-58.08
有色金属冶炼及压延加工业	0.65	0.51	-21.95	0.17	0.09	-45.68
金属制品业	0.56	0.45	-20.11	0.22	0.13	-39.36
通用设备制造业	0.57	0.49	-13.51	0.25	0.20	-21.33
专用设备制造业	0.55	0.55	0.55	0.22	0.20	-12.62
交通运输设备制造业	0.71	0.57	-20.17	0.48	0.30	-36.74
电气机械及器材制造业	0.60	0.48	-19.63	0.21	0.11	-46.20
通信设备、计算机及其他电子设备制造	0.81	0.78	-3.21	0.37	0.26	-29.83
仪器仪表及文化、办公用机械制造业	0.74	0.52	-29.63	0.31	0.10	-67.09

表7-2显示，2003年，长三角城市群内空间集中程度最高的制造业行业分别为石油加工、炼焦加工业，烟草制品业，通信设备、计算机及其他电子设备制造。这3个行业空间基尼系数均大于0.8，说明其在各城市间的空间分布极不平衡。如果将空间基尼系数大于0.6作为高度集中的标准，那么2003年空间分布高度集中的制造业行业达到12个，而在2011年减少为6个。事实上，与2003年相比，2011年除烟草制品业、化学纤维制造业和专用设备制造业外，其余18个行业的空间基尼系数都有所下降，降幅最高的接近30%。可见，制造业双重转移的结果是制造业在城市群内的空间分布逐渐分散，布局渐趋平衡。

作为补充，表7-2中也给出了2003~2011年上海制造业占城市群比重的计算结果，数据基于《中国工业经济统计年鉴》的行业总产值。从表7-2中不难发现，除烟草制造业外，2003~2011年上海的制造业比重大幅下降，化学纤维制造业甚至下降了86.2%，说明存在上海向江浙城市的制造业群内转移。其余城市之间的制造业转移同样存在，这里不再赘述。与某一城市占城市群的比重指标相比，空间基尼系数测量了25个城市向城市群外的制造业转移，也测量了25个城市间的制造业转移，因而是衡量双重转移的理想指标。

分行业类型来看，资源依赖型行业的空间基尼系数平均值2003年为0.66，2011年为0.58；非资源依赖型行业的空间基尼系数平均值2003年为0.63，2011年为0.55。与资源依赖型行业相比，非资源依赖型行业受地理区位限制较少，更容易在城市群内各城市间形成分工协作，因此其空间布局较为分散。

综上所述，长三角城市群制造业集聚和转移的特征可以概括为：制造业的专业化水平较高，但有弱化趋势，多数行业群外转移特征明显；制造业的空间集中程度较高，但多数行业受双重转移影响集中程度有所降低，布局渐趋分散；与资源依赖型行业相比，非资源依赖型行业专业化水平较高，而空间集中程度较低。

第三节 研究设计

一、模型

以专业化水平、空间集中程度为核心变量构造回归模型，以估计制造业集聚的增长效应。与此同时，可利用专业化水平的估计系数考察群外转移效应，利用空间集中程度的估计系数考察双重转移效应。而基于双重转移效应和群外转移效应，可间接地评价群内转移效应。

借鉴亨德森等（1995）以及贺灿飞和潘峰华（2009）的研究，构建回归模型如下：

$$g_{it} = \beta_0 + \beta_1 y_{it-1} + \beta_2 agg_{it} + \beta_3 X_{it} + \mu_i + \varepsilon_{it} \tag{7.3}$$

其中，g 为被解释变量，用制造业的产出增长率表示。y、agg、X 为解释变量，其中，y 表示滞后一期的制造业产出，用来控制产出规模对制造业产出增长率的影响；agg 表示制造业集聚变量，包括制造业的专业化水平和空间集中程度；X 表示其他控制变量。i 和 t 分别表示城市和年份；μ 表示城市固定效应；ε 为随机误差项；$\beta_0 \sim \beta_3$ 为待估系数向量。

二、数据与变量

本章选取 2003～2011 年长三角城市群 21 个两位数制造业数据。数据来源包括国研网产业数据库、25 市统计年鉴，以及全国、长三角、江苏、浙江、上海统计年鉴。式（7.3）所涉及变量说明如下。

由于自 2008 年起不再报告工业增加值数据，致制造业行业增加值数据缺失严重。考虑数据可得性，行业产出（y）用行业总产值表示（贺灿飞、潘峰华，2009）。相应地，行业产出增长率（g）用行业总产值的增长率表示。

制造业集聚变量（agg）用区位熵（LQ）和空间基尼系数（SG）表示，前者衡量制造业在城市群层面的专业化水平；后者衡量制造业在城市群内部的空间集中程度。

考虑到行业异质性，有必要引入资本增长率（*gk*）这一控制变量，因为资本要素在中国制造业生产中举足轻重，产出增长很大程度上受资本投入增长的制约。这里用固定资产净值的增长率作为其代理变量。

此外，城市群规模的大小决定了城市化经济发挥作用的强度，进而影响生产效率。因此，引入城市群规模（*size*）这一控制变量，并用长三角城市群城镇从业人员数来衡量。

变量的描述性统计如表7-3所示。为避免异方差问题，在参数估计前对产出和城市群规模数据作对数化处理。

表7-3 变量的描述性统计

变量	符号	量纲	观测值	均值	标准差	最小值	最大值
产出增长率	*g*	—	189	0.21	0.15	-0.23	0.82
产出	*y*	亿元	189	1171.38	1016.38	144.87	4519.84
区位熵	*LQ*	—	189	2.05	1.07	0.51	4.96
空间基尼系数	*SG*	—	189	0.60	0.12	0.34	0.85
资本增长率	*gk*	—	189	0.16	0.12	-0.07	0.68
城市群规模	*size*	万人	189	3599.05	760.32	2458.90	4740.66

第四节 实证结果及分析

一、基准估计

对面板数据进行估计前，利用豪斯曼检验在固定效应和随机效应间作出选择。检验值为72.41，且 p 值为0.0000，拒绝"固定效应估计与随机效应估计的系数不存在系统性差异"的原假设，表明应当进行固定效应估计。估计采用逐步添加解释变量的分步法，结果如表7-4所示。表7-4中，第（1）列至第（3）列逐步引入产出、资本增长率、城市群规模等控制变量；第（4）列、第（5）列进一步分别引入区位熵、空间基尼系数这两个核心解释变量；第（6）列同时包括所有解释变量。

表 7-4　　　　　　　　　制造业集聚的增长效应：基准估计

变量	（1）	（2）	（3）	（4）	（5）	（6）
y	-0.1341 *** (5.67)	-0.0868 *** （-3.57）	-0.6709 *** （-9.28）	-0.6889 *** （-10.10）	-0.7093 *** （-9.49）	-0.7224 *** （-10.25）
gk		0.4559 *** （4.65）	0.3639 *** （4.48）	0.2804 *** （3.56）	0.3545 *** （4.39）	0.2739 *** （3.49）
$size$			1.2106 *** （8.41）	1.3299 *** （9.62）	1.2057 *** （8.44）	1.3231 *** （9.63）
LQ				0.2139 *** （4.42）		0.2095 *** （4.35）
SG					-0.6711 * （-1.84）	-0.5918 * （-1.72）
C	1.0856 *** （7.02）	0.7065 *** （4.25）	-5.3520 *** （-7.30）	-6.6340 *** （-8.86）	-4.6596 *** （-5.69）	-5.9973 *** （-7.21）
μ	yes	yes	yes	yes	yes	yes
R^2	0.1806	0.2870	0.5217	0.5791	0.5327	0.5876
F	32.18	29.18	52.35	49.18	40.75	40.47
N	189	189	189	189	189	189

注：*** 、* 分别表示1%、10%的显著性水平；括号内数值为 t 统计值。

产出增长率和区位熵之间可能存在联立性，即行业集聚引致产出增长率提高；反之，产出增长率提高吸引进一步的集聚。为检验是否存在联立性导致的内生性问题，以滞后一期的区位熵作为工具变量，对第（6）列进行豪斯曼内生性检验，检验值为4.94，p 值为0.4232，表明不能拒绝"固定效应估计与工具变量估计的系数不存在系统性差异"的原假设，因此，可认为不存在联立性导致的内生性问题。

这里基于第（6）列的估计结果，分析制造业集聚的增长效应。区位熵的估计系数为0.21且在1%水平上显著，表明制造业的专业化水平越高，其产出增长率越高。城市群层面的制造业集聚有利于增长，这一结论与以往的研究结论吻合。空间基尼系数的估计值为-0.59且在10%水平上显著，表明制造业在城市群内部的空间集中程度越高，对产出增长的阻碍作用越大，在城市群内部的分散化布局反而有利于增长。

模型也估计了控制变量对制造业增长的影响。制造业产出规模的估计系数为负，且在1%水平上显著，即产出规模越大的行业其产出增长率越低，说明制造业行业间也存在类似地区间"条件收敛"的机制，这可能是边际报酬不同的资本、劳动等生产要素在行业间自由流动所引致，有待进一步研究。资本增长率的估计系数为正，且在1%水平上显著，说明长三角城市群制造业具有投资驱动特征，加大资本投入对于制造业产出增长具有促进作用。城市群规模的估计系数为正，且在1%水平上显著，说明长三角城市群存在城市化经济，城市化的推进有利于制造业增长。

基准估计结果表明，对长三角城市群而言，专业化水平的提高会促进制造业增长，而制造业集聚程度的提高则会产生抑制作用。结合前面对长三角城市群制造业转移态势的分析，不难得出以下结论：群外转移具有负效应，会降低专业化水平并抑制制造业增长；双重转移具有正效应，降低制造业集聚程度进而促进了制造业增长。同时，基于群外转移和双重转移，可推断群内转移具有正效应，且该正效应大于群外转移的负效应：城市间的制造业转移产生了新的集聚格局，是对原有集聚优势的重组，将产生正外部性，进而促进制造业增长。

根据梁琦（2009）的研究，集聚是分工的空间组织形态。本章从分工的三个维度来解释群内转移正效应的产生机制。一是城市间的产业内分工。本章利用两位数制造业数据得出制造业空间布局渐趋分散的结论，然而从进一步细分的三位数、四位数制造业层面看，可能存在集聚程度的增强（范建勇，2004；邱风等，2005）。例如，杭州、宁波、湖州、绍兴、嘉兴、温州等城市都生产服装，但产品差异较大，各城市在男装、女装、童装、领带等细分领域存在专业化分工（魏后凯，2007），群内转移会促进各城市在细分行业的产业分工，这是市场力量推进该长三角城市群产业互补的结果。因此，这种产业内分工仍然遵循着集聚原理，同一城市的邻近企业间仍可利用正外部性提高生产率。

二是城市间的价值链分工。城市群内各城市基于要素禀赋差异，在同一产品价值链的不同环节形成专业化分工。例如，对汽车价值链的案例研究指出，长三角城市群内的不同城市在汽车价值链的研发、零部件、整车和市场等环节承担不同的功能，进行专业化生产，逐渐形成了比较紧密的分工与协作关系（张来春，2007）。由此可知，城市群内部制造业集聚格局的自发调整，有助于形成更加合理、有效的价值链分工，各城市发挥比较优势，在制造业价值链的某一环节形成集聚，仍能利用正外部性促进产出增长。

三是城市间的功能分工。功能分工是美国、日本等发达国家在 20 世纪末期出现的经济现象（Duranton and Puga, 2005）。近年来长三角城市群也出现了类似特征（张若雪，2009），具体表现为上海、宁波、杭州等中心城市集聚了大量生产者服务业，同时将劳动密集型生产部门向外围城市转移，由此形成中心城市承担服务功能、外围城市承担生产功能的格局。制造业的群内转移有助于生产功能专业化的外围城市通过"前向关联"和"后向关联"机制提升企业生产率。

二、分行业估计

为比较不同性质行业制造业集聚的增长效应差异，分别对长三角城市群的资源依赖型行业、非资源依赖型行业进行面板数据回归。表 7 - 5 汇报了分行业样本的估计结果，其中，第（3）列、第（6）列同时引入两个空间结构指标，是分析的基础。

表 7 - 5　　　　　　　　制造业集聚的增长效应：分行业估计

变量	资源依赖型行业			非资源依赖型行业		
	（1）	（2）	（3）	（4）	（5）	（6）
y	-0.8948 *** (-8.00)	-0.9032 *** (-8.00)	-0.9150 *** (-7.93)	-0.5467 *** (-6.25)	-0.5673 *** (-5.71)	-0.5828 *** (-6.52)
gk	0.2548 * (1.66)	0.3317 ** (2.42)	0.2848 * (1.80)	0.2530 *** (2.73)	0.3362 *** (3.36)	0.2305 ** (2.49)
$size$	1.6311 *** (6.53)	1.5043 *** (7.34)	1.5945 *** (6.25)	1.0912 *** (6.04)	0.9463 *** (4.81)	1.0794 *** (6.03)
LQ	0.2394 (0.84)		0.1776 (0.60)	0.2268 *** (4.81)		0.2249 *** (4.82)
SG		-0.6419 (-0.98)	-0.5306 (-0.77)		-0.6966 * (-1.69)	-0.6505 * (-1.75)

续表

变量	资源依赖型行业			非资源依赖型行业		
	（1）	（2）	（3）	（4）	（5）	（6）
C	−7.8192 *** （−4.73）	−6.0996 *** （−4.90）	−7.0081 *** （−3.57）	−5.6694 *** （−5.93）	−3.3743 *** （−3.05）	−4.9426 *** （−4.73）
μ	yes	yes	yes	yes	yes	yes
R^2	0.7036	0.7051	0.7075	0.5229	0.4208	0.5364
F	26.70	26.90	21.29	25.76	17.07	21.52
N	63	63	63	126	126	126

注：*** 、** 和 * 分别表示 1%、5% 和 10% 的显著性水平；括号内数值为 t 统计值。

第（3）列中，区位熵的估计系数为 0.18，空间基尼系数的估计系数为 −0.53。与基准估计相比，资源依赖型行业的估计系数绝对值不仅变小，而且不再显著。这一结果显示，资源依赖型行业集聚的增长效应并不强烈。

反观第（6）列，区位熵的估计系数为 0.22，空间基尼系数的估计系数为 −0.65，且分别在 1%、10% 水平上显著。两个变量系数的绝对值都大于全样本情形。可见，制造业集聚的增长效应主要体现在非资源依赖型行业中。

分样本估计结果显示，资源依赖型行业和非资源依赖型行业集聚的增长效应迥异。这可归因于其集聚微观基础的不同。资源依赖型行业的集聚不仅受益于规模经济，还受益于接近自然资源而产生的低成本优势。这使得资源依赖型行业的地域性更强，其劳动、资本、技术等要素的流动性弱于非资源依赖型行业。因此，资源依赖型行业的群内转移相对更加困难。反之，非资源依赖型行业的要素匹配更为灵活自由，更容易通过群内转移在各城市间形成良好的分工格局，以发挥制造业集聚的正外部性。

三、稳健性检验

为验证上述回归结果的可靠性，有必要进行稳健性检验。稳健性检验的方法通常包括改变样本范围、选择不同解释变量、变化参数取值等。通过替换核心解释变量进行稳健性检验，结果如表 7 − 6 所示。

表 7 - 6　　　　　　　　制造业集聚的增长效应：稳健性检验

变量	(1)	(2)
y	- 0. 7814 *** (- 10. 40)	- 0. 7275 *** (- 10. 45)
gk	0. 3193 *** (4. 06)	0. 2723 *** (3. 50)
size	1. 2702 *** (9. 13)	1. 3247 *** (9. 71)
LQ	0. 1817 *** (3. 41)	0. 2125 *** (4. 45)
SG	- 0. 7347 ** (- 2. 08)	- 0. 6990 ** (- 2. 19)
C	- 4. 8272 *** (- 6. 09)	- 5. 9123 *** (- 7. 30)
μ	yes	yes
R^2	0. 5681	0. 5928
F	37. 36	41. 34
N	189	189

注：*** 、** 分别表示1%、5%的显著性水平；括号内数值为 t 统计值。

表7－6中，第（1）列用长三角城市群制造业就业占全国制造业总就业的比重替换区位熵，作为制造业专业化水平的衡量指标，其系数估计结果为0.18，且在1%水平显著。第（2）列以滞后一期的空间基尼系数替换当期的空间基尼系数，作为制造业在城市群内空间集中程度的衡量指标，系数估计结果为－0.70且在1%水平显著。从稳健性检验结果来看，替换核心解释变量后系数估计的符号与基准估计中一致，控制变量的系数符号也未发生反转，说明本章的回归结果是稳健的。

第五节　小　结

本章以长三角城市群为例，利用2003～2011年21个行业的面板数据，验证了制造业集聚的增长效应。研究发现：长三角城市群制造业的专业化水平和空间集中程度都存在下降趋势；控制了资本增长率、城市群规模等变量后，专业化水平会促进制造业增长，而空间集中程度对制造业增长有抑制作用；制造业集聚的增长效应主要集中在非资源依赖型行业，在资源依赖型行业不显著。由于专业化水平下降、空间集中程度变动意味着制造业转移，实证结果说明群内转移正效应不仅能抵消群外转移负效应，其所产生的正外部性也会促进制造业增长。

第八章

服务业集聚区与企业创新

第一节　引　言

随着工业化、城市化的持续推进，服务业在中国经济发展中的重要性日渐凸显。服务业增加值占 GDP 的比重在 2015 年首次突破 50％，标志着中国正式进入服务经济时代。近年来，中国服务业发展过程中有两个重要现象值得关注：地方政府积极建设服务业集聚区，以及越来越多的企业嵌入服务业全球价值链。一方面，在制造业发展中被证明行之有效的集聚区模式，成为各级地方政府发展服务业的重要政策工具，金融城、物流园区、文化创意街区、软件园等各类服务业集聚区得以迅速建立和扩张（姜长云，2014）；另一方面，在服务全球化快速推进、服务业呈"碎片化"发展的大环境下，中国服务业企业积极参与国际分工，不但以服务业进出口、常规服务外包等形式嵌入服务业全球价值链，也通过逆向服务外包主动获取全球高端资源（江小涓，2008；张月友、刘丹鹭，2013）。

本章试图从服务业创新这一视角，考察建设服务业集聚区、嵌入服务业全球价值链对中国服务业发展的影响。对服务业企业来说，入驻服务业集聚区意味着融入了地方网络，不仅能够获得成本上的节约，更重要的是便于利用人才、知识和信息等资源；嵌入服务业全球价值链则接入了全球网络，可以通过服务业进出口、离岸服务外包等多种方式获得合作伙伴的先进服务技术。因此，服务业集聚区所产生的集聚外部性，以及嵌入服务业全球价值链所获得的国际技术外溢，可能会影响服务业企业的创新能力。事实上，刘奕和夏杰长（2009）在考察服务业集聚区的升级问题时，就提出了一种地方网络、全球网络相结合的治理模式，即在加强服务业集聚区内部企业间横向合作的同时，鼓励服务业企业沿着纵向的全球价值链实现攀升。本章借鉴这一思路，从横向的服务业集聚区、纵向的全球价值链这两个维度展开研究，为推动中国服务业创新发展提供一个新的理论视角。

现有文献既明确了高新技术、市场需求、企业家精神和城市化等因素对服务业创新的影响（Barras，1990；Potts and Mandeville，2007；Castro et al.，2011；杨以文、郑江淮，2013；方远平等，2013；毕斗斗等，2015），也证实了服务业进口、承接服务外包能够促进服务业创新（刘丹鹭，2013；任志成、张二震，2012）。不足之处在于，现有文献既未实证分析建设服务业集聚区这一经济现象的创新效应，也缺乏对嵌入服务业全球价值链如何影响服务业创新的系统考察，这为本章提供了研究空间。在理论分析的基础上，本章将利用江苏939家服务业企业的微观数据，实证检验建设服务业集聚区、嵌入服务业全球价值链对服务业创新的影响。相比现有文献，本章首次定量分析服务业集聚区的创新效应，发现劳动力共享、知识溢出等集聚外部性促进了服务业创新，并证明了嵌入服务业全球价值链以获取国际技术外溢能有效提高服务业企业的创新能力。此外，本章发现，吸收能力能够直接促进服务业创新，但对服务业集聚区、全球价值链与服务业创新的因果关系无调节作用。

第二节　服务业集聚区的事实

近年来，人口集聚、消费结构和产业结构升级，形成了庞大的服务需求，客观上要求中国加快服务业发展。新形势下，服务业集聚区作为一种新兴的特殊经济区应运而生，开始在中国服务业演进中扮演重要角色。目前形态较成熟的服务业集聚区包括中央商务区、金融集聚区、物流园区、软件园、文化创意产业区等，而北京金融街、798创意产业集聚区、横店影视城、义乌小商品批发市场等服务业集聚区，已形成品牌化和特色化经营态势，集聚了本地区甚至国内外有重要影响的服务业企业，成为区域或城市服务业发展的重要载体，带动了区域或城市的产业结构服务化（毕斗斗、方远平，2015）。

中国各级政府日益重视服务业集聚区建设，将其视为推动服务业发展的重要政策工具。与经济技术开发区、高新技术产业开发区等制造业集聚区类似，中国的服务业集聚区是"以集聚促发展"模式的体现。国务院于2014年发布《国务院关于加快发展生产性服务业促进产业结构调整升级的指导意见》，提出要"因地制宜引导生产性服务业在中心城市、制造业集中区域、现代农业产业基地以及有条件的城镇等区域集聚，实现规模效益和特色发展"。许多省份相继出台省级、市级、县级服务业集聚区的认定办法或发展规划，支持先进的服务业集聚区优先建设、发展。仅以省级服务业集聚区为例，截至2017年底，江苏、安徽的省级服务业集聚区分别多达122家、161家，广西也于2018年成立了首批38家省级服务业集聚区；涉及的行业包括金融商务、科技服务、现代物流、文化创意、旅游休闲、软件与信息服务、新型专业市场以及健康养老服务等。当前，在检验检疫检测、知识产权等服务业领域，地方政府积极与中央部委合作共建国家级集聚区，则体现出服务业集聚区建设"求高求精"的新趋势。

目前全国范围的权威数据十分缺乏，但江苏的实践仍为观察服务业集聚区提供了良好样本。2007年，江苏省出台了《关于加快建设现代服务业集聚区的意见》，此后13个地级市也陆续制定了集聚区建设办法、市级服务业集聚区认定标准等，对符合条件的服务业集聚区，在项目准入、土地供应、税收优惠、资金支持等方面给予政策支持。2014年末，江苏的省级服务业集聚区达113家，还有300余家市级和400家左右的县级服务业集聚区，并涌现出2家营业收入"千亿级"和41家营业收入"百亿级"的服务业集聚区（宣烨，2015）。在部分发达城市，服务业集聚区已成为城市服务业发展的核心区域。例如，2012年南京市金融业增加值的80%、软件业的70%、科技服务业的50%以及文化创意产业的30%均由服务业集聚区完成，而苏州市服务业集聚区的增加值占全市的比重达33%（姜长云，2014）。

第三节　理论分析

　　理解中国的服务业集聚区，应将其置于特殊经济区（special economic zone）的谱系中进行。改革开放以来，中国陆续建成了经济特区、经济技术开发区、高新技术产业开发区、出口加工区、保税区、边境经济合作区等形式多样、分布广泛的特殊经济区。特殊经济区的建设，推动了中国制造业参与全球化的进程：首先，特殊经济区提供了制度红利，大胆尝试新的经济体制，提升了地区的司法质量和契约执行效率，进而吸引外商直接投资，并促进了制造业尤其是契约密集型制造业的出口（Wang，2013；黄玖立等，2013）；其次，特殊经济区所提供的优于一般性区域的基础设施，以及税收减免、专项资金补助、土地租金减免等优惠政策，都有效降低了制造业企业的经营成本（Démurger et al.，2002）；最后，特殊经济区为产业集聚提供了良好载体，通过分工细化、知识溢出等途径提升了园区内制造业企业的生产率，并推动了企业创新（朱斌、王渝，2004）。

　　服务业集聚区的建设，是利用特殊经济区推动产业发展这一思路在新形势下的延续。根据集聚理论，服务业集聚区为服务业企业间的近距离互动提供了便利，而企业近距离互动会产生集聚外部性，表现为企业能够方便地获得劳动力、知识等重要资源，进而可能影响企业的创新活动。一方面，服务业集聚区提供了劳动力共享。大量专业化程度较高的服务业工人汇聚在服务业集聚区，形成了成熟的劳动力市场（Marshall，1920）。这不但提高了企业岗位需求与劳动供给相匹配的质量和概率，也减轻了契约签订和执行中的"敲竹杠"问题，使服务业企业能够以较低成本搜寻、使用所需要的创新型劳动力（Duranton and Puga，2004）。同时，由于能够迅速从企业外部获得所需要的人才，集聚区内企业的研究和实验成本降低，创新速度加快（Freedman，2008）。

　　另一方面，服务业集聚区推动了知识溢出。知识、技术在空间传播过程中存在时滞、衰减和扭曲，因此，其跨越走廊和街道比跨越海洋和大陆更加容易（Glaeser et al.，1992）。服务业集聚区内部会形成非正式的知识交换场所，有效克服了知识溢出的空间局限性，大大降低了知识尤其是难以编码的隐性知识在企业间溢出的壁垒，并降低了创新的不确定性和复杂性。服务业集聚区内部企业的接触与合作，不但加速了诸如研发设计、工艺技术、市场营销、组织管理等存量知识的传播和交流，还通过累积的公共知识池推动了后续创新（Baptista and Swann，1998）。可见，服务业集聚区有利于创新信息的溢出和扩散，促进创新网络的形成，从而激励集聚区内的服务业企业更多地实施创新活动。特别地，对那些高度依赖创意和灵感的知识密集型服务业企业而言，在集聚区内获得灵感对其创新活动尤为重要。

命题 8.1：服务业集聚区所产生的集聚外部性，有利于服务业企业创新。

服务全球化是当前经济全球化最鲜明的阶段性特征（江小涓，2008）。技术进步极大降低了在不同国家和地区之间构筑服务链条的成本，激励企业在全球范围内配置服务生产，服务业全球价值链由此形成。在全球服务业呈"碎片化"发展的大趋势中，一部分中国企业主动参与国际分工，嵌入全球服务业价值链。以油画产业为例，深圳大芬村嵌入了准科层制的商品油画全球价值链，处于低端生产环节；北京宋庄则嵌入市场型的原创油画全球价值链，并占据了高端的内容创意环节（刘奕、夏杰长，2009）。当前，中国服务业企业通常采取服务业进出口、离岸服务外包等方式嵌入全球价值链，与全球经济保持紧密的联结。

现代信息技术推动了知识的编码化、标准化，为无形的服务提供了有形载体，从而使许多服务具备了可贸易性。服务业企业得以突破其产品的无形性、不可分割性等固有特征，通过服务业进出口参与全球价值链的构筑。服务业进出口包括服务业出口和进口两种形式。相对于国内消费市场，中国服务业出口面临发达国家更多的质量、技术与安全等壁垒，为适应和满足国外市场的苛刻要求，服务业出口企业会通过"出口中学习"来吸收国际技术外溢，提升自身的创新能力（Keller，2002）。就服务业进口而言，外国研发资本通过中间产品贸易能够产生技术外溢。与劳动密集型、资本密集型的服务业进口相比，知识和技术密集型服务业进口通过国外 R&D 的溢出，显著地促进了进口国的全要素生产率提升和技术进步

（唐保庆等，2011）。

20 世纪 90 年代末，离岸服务外包迅速发展，通常表现为常规服务外包和逆向服务外包两种形式。[①] 中国吸引了大量离岸服务外包业务，是仅次于印度的常规服务外包大国。中国企业既承接呼叫中心、数据录入等低端的服务外包业务，也在向软件开发、商业智能服务、研发服务、解决方案服务等上游服务发展（刘绍坚，2008）。对中国的服务业企业而言，承接服务外包不仅是买和卖这样的简单交易，而是与国外发包企业进行密切沟通、联系及合作的过程，有利于企业接受国际技术外溢。例如，中国企业通过承接软件外包项目获得国际技术外溢，实现了软件研发能力的提升，所承接的项目也开始向高端延伸（任志成、张二震，2012）。与此同时，出于对高端创新资源的迫切需求，中国服务业企业也主动挑战传统上发达国家的发包方地位，越来越多地开展逆向服务外包业务，进而获取国际技术外溢（Lewin et al.，2009）。研究发现，通过实施逆向服务外包将知识密集型服务工作发包到发达国家，不但不会侵蚀企业的创新能力，相反有利于企业集聚全球创新资源（张月友、刘丹鹭，2013）。

综上所述，嵌入服务业全球价值链可能提高服务业企业的创新能力。特别对开放程度高的服务业集聚区而言，如果忽略了全球价值链的作用，就可能高估集聚区对服务业企业创新的影响。

命题 8.2：嵌入服务业全球价值链可获得国际技术外溢，从而促进服务业企业创新。

第四节　研究设计

一、模型设定

为验证前面提出的命题，构造如下回归模型：

[①] 通常所说的"服务外包"，形式为发达国家发包、发展中国家接包。本书将其称为"常规服务外包"，以示与发展中国家发包、发达国家接包的"逆向服务外包"相区别。

$$innov_{ijk} = \beta_0 + \beta_1 sa_{ijk} + \beta_2 gvc_{ijk} + \beta_3 fc_{ijk} + \mu_j + \zeta_k + \varepsilon_{ijk} \qquad (8.1)$$

其中，i、j 和 k 分别表示企业、行业和服务业集聚区（以下简称"园区"）；$innov$ 表示服务业企业创新；sa 表示服务业集聚区；gvc 表示全球价值链；fc 为企业层面的各类控制变量；μ 和 ζ 分别为行业固定效应和园区固定效应；ε 为随机误差项；$\beta_0 \sim \beta_3$ 为待估计的系数向量。

二、数据来源

数据来自江苏省有代表性的服务业集聚区。为了解江苏服务业企业在 2013 年的经营情况，笔者与江苏省广告协会下属的江苏广告产业园联盟合作，在江苏 9 家服务业集聚区进行了大规模的问卷调查。调查从 2014 年 12 月开始，至 2015 年 4 月结束，期间根据园区和行业分布，随机抽取企业样本，共发放问卷 1500 份，回收问卷 1148 份，其中有效问卷 939 份，问卷回收率、有效率分别达 76.5%、81.8%。该项调查为本章考察服务业集聚区对企业绩效的影响，提供了良好的微观数据。

受调查企业的行业分布、园区分布情况见表 8-1。从行业来看，受调查企业广泛分布在广告业、软件业、创意设计业等 12 个服务业行业。其中，广播电影电视业、游戏动漫业、演艺娱乐业、艺术品业可视为单纯的消费者服务业；而广告业、出版业、创意设计业、软件业、会展业、文化艺术培训业、文化信息服务业等行业，具有不同程度的生产者服务业特征，其产品或服务常作为中间品进入生产领域。因此，本章所用样本涵盖了消费者服务业、生产者服务业的多个细分行业，有较好的代表性。

表 8-1　　　　　　　　　　样本企业的行业和园区分布

行业	数量（家）	比例（%）	园区	数量（家）	比例（%）
广告业	476	50.69	南京国家广告产业园	158	16.83
广播电影电视业	13	1.38	苏州国家广告产业园	110	11.71
出版业	9	0.96	无锡国家广告产业园	148	15.76
游戏动漫业	55	5.86	常州国家广告产业园	218	23.22
创意设计业	61	6.50	徐州创意68文化产业园	87	9.27
软件业	123	13.10	宿迁广告产业园	54	5.75

行业	数量（家）	比例（%）	园区	数量（家）	比例（%）
会展业	6	0.64	连云港广告产业园	49	5.22
演艺娱乐业	5	0.53	淮安广告创意园	58	6.18
文化艺术培训业	15	1.60	盐城广告创意产业园	57	6.07
文化信息服务业	27	2.88			
艺术品业	8	0.85			
其他服务业	141	15.02			

从园区来看，9家服务业集聚区既包括南京、苏州、无锡、常州的4家国家级广告产业园，也涉及徐州、宿迁、连云港、淮安和盐城的5家省级广告产业园，空间分布较广，且园区发展较为成熟。

三、变量选择和描述性统计

（一）创新

首先设置创新能力（ic）变量，作为服务业企业创新的测度指标。基于李克特量表法，设计以下5个题项：创意产生速度快、创意达到或超出客户预期、率先应用新知识或新技术、率先推出新产品或新服务、新产品或新服务的市场接受度较高。这5个题项涵盖了各个环节的创新速度、创新质量，是对企业创新活动的系统描述。受调查企业对各题项"非常不符合、不符合、一般、符合、非常符合"的选择，分别对应取值1、2、3、4、5。为建立创新能力指标，对上述5个题项进行因子分析。具体方法为基于协方差矩阵的主成分分析，在特征值大于1条件下提取因子，结果如表8-2所示。其中，克朗巴哈系数（Cronbach's Alpha）为0.94，高于有关研究建议的可接受水平0.7，显示了很好的内部一致性信度；所有因子载荷均在0.8以上，远高于可接受水平0.6，显示了极强的内敛效度。创新能力变量解释了总变异量的80.4%，能很好地测量服务业企业创新。

表 8 - 2 因子分析结果

题 项	创新能力	知识溢出	集聚外部性
创意产生速度快	0.89		
创意达到或超出客户预期	0.92		
率先应用新知识或新技术	0.92		
率先推出新产品或新服务	0.91		
新产品或新服务的市场接受度较高	0.85		
挖到专业人才			0.93
获得技术工艺溢出		0.94	0.93
获得营销技能溢出		0.94	0.91
获得研发技能溢出		0.92	0.91
获得管理技能溢出		0.89	0.90
KMO	0.89	0.87	0.90
Bartlett 球形度检验	4096.40	3344.05	4595.22
Cronbach's Alpha	0.94	0.94	0.95
累计解释的总变异量	80.42%	84.97%	83.56%

进一步地，也可用专利数（pat）作为创新的代理变量。参照毕斗斗等（2015）的做法，引入受调查企业的专利数作为创新能力的替代指标，用于检验实证结果的稳健性。本指标为离散变量，取值范围为 {1, 2, 3, 4, 5}，各数值分别代表受调查企业拥有的专利数为"0项、1~10项、11~30项、31~50项、50项以上"。

（二）集聚外部性

根据前面的理论分析，服务业集聚区提供的集聚外部性包括劳动力共享（$sa1$）和知识溢出（$sa2$）两类。以企业从集聚区内其他服务业企业"挖到专业人才"来表示劳动力共享，受调查服务业企业对"非常不符合、不符合、一般、符合、非常符合"的选择，分别对应取值 1、2、3、4、5。

考虑到知识类型的差异，本章将知识溢出细分为技术工艺溢出、营销技能溢出、研发技能溢出、管理技能溢出 4 种，并分别以企业从集聚区内其他服务业企业获得"新技术新工艺、市场营销技能、产品或服务研发技能、企业管理技能"来表示。受调查企业对各题项"不能或极少、少、一般、多、很多"的选择,分别对应取值 1、2、3、4、5。对上述 4 个题项得分进行因子分析,以生成知识溢出变量。因子分析方法为基于协方差矩阵的主成分分析,在特征值大于 1 条件下提取因子,结果如表 8 - 2 所示。其中,克朗巴哈系数、因子载荷分别显示了很好的内部一致性信度、内敛效度。知识溢出变量解释了总变异量的 85.0%,能很好地衡量服务业企业获得的知识溢出水平。

为建立服务业集聚区变量,对劳动力共享、知识溢出所涉及的 5 个题项进行因子分析,具体方法同上,结果如表 8 - 2 所示。从克朗巴哈系数和因子载荷看,服务业集聚区变量有很好的内部一致性信度、内敛效度。该变量解释了总变异量的 83.6%,能很好地测量服务业企业所获得的集聚外部性。

(三) 全球价值链

本变量为虚拟变量,用题项"企业与国外企业是否有业务往来"来测量,受调查企业回答为"是"则取值为 1,"否"则取值为 0。[①] 进一步地,为具体捕捉服务业进出口、离岸服务外包的影响,问卷中设置了以下 4 个题项:企业进口产品或服务、企业出口产品或服务、企业接受国外企业发包、企业将业务外包给国外企业,分别对应"服务业进口 ($gvc1$)、服务业出口 ($gvc2$)、常规服务外包 ($gvc3$)、逆向服务外包 ($gvc4$)"这 4 种典型的全球价值链嵌入方式,受调查企业回答为"是"则取值为 1,"否"则取值为 0。

受调查的 939 家服务业企业中,以各种方式嵌入服务业全球价值链的企业共有 125 家,占全部企业的 13.3%。从典型的全球价值链嵌入方式看,服务业进口企业有 28 家,占 3.0%;服务业出口企业有 32 家,占 3.4%;常规服务外包企业有 23 家,占 2.4%;逆向服务外包企业有 11 家,占 1.2%。同时以 2 种典型方式参与全球价值链的企业有 11 家,同时以 3 种、4 种典型方式参与全球价值链的企业则各有 2 家。表 8 - 3 报告了

---

① 本题项测量服务业企业与国外企业之间产品、服务等"价值"的流动,并不包括技术销售、技术购买、合作研发等渠道的国际技术转移。

嵌入全球价值链的企业情况。从样本企业不难看出，部分服务业企业已较为深入地参与到服务业全球价值链中，而服务业集聚区也表现出相当程度的对外开放特征。

表 8 – 3　　　　　　　　　嵌入全球价值链的企业情况

变量	定义	企业数	百分比（%）
全球价值链	与国外企业有业务往来	125	13.3
服务业进口	企业进口产品或服务	28	3.0
服务业出口	企业出口产品或服务	32	3.4
常规服务外包	企业接受国外企业发包	23	2.4
逆向服务外包	企业将业务外包给国外企业	11	1.2

（四）控制变量

为缓解可能的遗漏变量所导致的内生性问题，在回归模型中引入企业特征、行业固定效应、园区固定效应等控制变量。

本章控制以下 5 类企业特征变量（fc）：（1）R&D 投入（rd）。作为知识生产函数的主要自变量，R&D 投入与创新之间存在稳定的正向关联（Jaffe，1989）。R&D 投入变量以受调查企业 R&D 投入占年销售收入的比重来表示。（2）企业年龄（age）。研究表明，企业年龄对成长型企业的创新行为产生确定的影响（Yasuda，2005）。这里以受调查企业从成立至2013 年的年数来衡量企业年龄。（3）企业规模（$size$）。根据安同良等（2006）的研究，大企业通常比小企业更多地进行持续性研发活动，并倾向于建立独立的常规性、专业化研发部门，因此有必要控制企业规模。这里以受调查企业的员工数作为企业规模的度量。（4）所有制特征。不同所有制性质的企业，在创新能力上可能存在差异。这里以私营企业为参照，设置国有或集体企业（soe）、外资企业（fe）这 2 个虚拟变量，以控制受调查企业在所有制特征上的差异。（5）人力资本（hc）。根据内生增长理论，人力资本是技术创新的重要决定因素。以受调查企业里大专及以上学历的员工所占比重来衡量企业的人力资本，该变量取值范围为 {1，2，3，4，5}，各数值分别对应于"20% 以下、21%～40%、41%～60%、61%～80%、80% 以上"。

行业固定效应（μ）和园区固定效应（ζ）：服务业行业或服务业园区之间可能存在差异。本章以其他服务业为参照，对其余11个服务业行业分别设置虚拟变量，以控制行业固定效应的影响；以宿迁广告产业园为参照，对其余8个服务业集聚区分别设置虚拟变量，以控制园区固定效应的影响。主要变量的描述性统计结果如表8-4所示。

表8-4   **变量的描述性统计**

变量	符号	量纲	观测值	均值	标准差	最小值	最大值
创新能力	ic	—	907	0.00	1.00	-4.3	1.87
专利数	pat	—	885	1.54	0.69	1.00	5.00
服务业集聚区	sa	—	907	0.00	1.00	-2.46	1.84
全球价值链	gvc	—	939	0.13	0.34	0.00	1.00
研发投入	rd	%	818	2.41	1.28	1.00	5.00
企业年龄	age	年	885	3.09	3.79	0.00	24.00
企业规模	size	人	894	38.21	104.06	2.00	2014.00
国有或集体企业	soe	—	939	0.10	0.30	0.00	1.00
外资企业	fe	—	939	0.01	0.08	0.00	1.00
人力资本	hc	—	937	3.86	1.14	1.00	5.00

第五节　实证结果及分析

一、基准估计

对于横截面数据来说，异方差和多重共线性问题可能损害参数估计的有效性。为处理异方差，参数估计中的 t 统计值均根据稳健标准误计算，并对企业规模变量取对数。为检验回归模型是否存在多重共线性，以创新能力为被解释变量进行普通最小二乘法（OLS）估计，进而计算各解释变量的方差膨胀因子（VIF），所有解释变量的方差膨胀因子远远小于可接受水平10，可认为回归模型不存在多重共线性。

基准估计以服务业企业的创新能力作为被解释变量，采用OLS方法进行，所得结果如表8－5所示。其中，第（1）列至第（3）列仅控制行业、园区固定效应，未控制企业特征变量；第（4）列至第（6）列的估计则进一步引入企业特征。服务业集聚区变量的系数估计值在1%水平上显著为正，表明服务业集聚区所提供的集聚外部性对企业创新存在正向影响，这初步证实了命题8.1。企业入驻服务业集聚区就融入了地方网络，便于享受人才、知识和信息等资源。在服务业集聚区内，企业之间横向的近距离互动会产生集聚外部性，不但有助于企业获得创新型人才，也方便了企业获取知识溢出，这些都提升了企业的创新能力。全球价值链变量的估计系数为正，并通过1%水平的显著性检验，表明嵌入全球价值链能够提升服务业企业的创新能力，命题8.2得到初步的证实。在全球服务业分工深化的大背景下，服务业企业嵌入全球服务业价值链，就接入了全球网络。与全球经济保持紧密联结，有利于企业接受国际知识外溢，并沿着纵向的全球价值链实现创新能力提升。

表8－5　　　　　服务业集聚区、全球价值链与企业创新：基准估计

变量	(1)	(2)	(3)	(4)	(5)	(6)
sa	0.246 *** (6.49)		0.253 *** (6.78)	0.241 *** (6.33)		0.250 *** (6.56)
gvc		0.537 *** (5.32)	0.567 *** (5.65)		0.448 *** (4.48)	0.480 *** (4.88)
rd				0.132 *** (5.08)	0.101 *** (3.64)	0.099 *** (3.74)
age				−0.003 (−0.31)	−0.003 (−0.32)	−0.005 (−0.60)
size				0.108 *** (3.07)	0.126 *** (3.55)	0.102 *** (2.91)
soe				−0.020 (−0.19)	−0.043 (−0.42)	−0.022 (−0.22)
fe				0.457 (0.77)	0.275 (0.67)	0.361 (0.97)
hc				0.239 *** (6.47)	0.236 *** (6.08)	0.236 *** (6.51)

变量	(1)	(2)	(3)	(4)	(5)	(6)
C	−0.010 (−0.06)	−0.370 ** (−2.06)	−0.321 * (−1.83)	−1.050 *** (−4.66)	−1.352 *** (−5.80)	−1.201 *** (−5.38)
μ	yes	yes	yes	yes	yes	yes
ζ	yes	yes	yes	yes	yes	yes
F	35.26	33.33	38.62	23.44	20.26	24.66
N	897	907	897	737	744	737

注：***、**和*分别表示1%、5%和10%的显著性水平；括号内数值为根据稳健标准误计算的 t 统计值。

控制变量中，R&D 投入变量的系数估计值在 1% 水平显著为正，证实了 R&D 投入与创新产出之间存在稳定的正向关联。企业年龄变量未通过显著性检验，可见存续时间与服务业企业创新间并无明确的因果关系。企业规模变量在 1% 水平显著为正，证实了大企业比小企业更多地参与创新活动，也说明扩张规模能有效地提升创新能力。2 个所有制结构变量的估计系数均不显著，说明国有或集体企业、外资企业与民营服务业企业相比，创新能力并未表现出显著的差异。人力资本变量的系数估计值为正，并通过了 1% 水平的显著性检验，证实了人力资本对企业创新的重要性，也说明优化人力资本结构有助于企业提升创新能力。

二、基准估计的扩展

基准估计初步证实了服务业集聚区、全球价值链对于服务业企业创新的积极作用。仍有必要继续探讨劳动力共享、知识溢出这 2 类具体的集聚外部性，以及服务业进口、服务业出口、常规服务外包和逆向服务外包这 4 种典型的全球价值链嵌入方式怎样影响服务业企业的创新能力。因此，替换基准估计中的核心解释变量，重新进行估计，结果如表 8 - 6 所示。

表 8 - 6　　　　服务业集聚区、全球价值链与企业创新：基准估计的扩展

变量	（1）	（2）	（3）	（4）	（5）	（6）
sa			0.255 *** (6.69)	0.244 *** (6.41)	0.243 *** (6.40)	0.231 *** (6.02)
gvc	0.529 *** (5.40)	0.468 *** (4.74)				
sa1	0.298 *** (7.85)					
sa2		0.227 *** (6.02)				
gvc1			0.895 *** (5.61)			
gvc2				-0.141 (-0.75)		
gvc3					0.468 ** (2.38)	
gvc4						0.836 *** (3.21)
rd	0.111 *** (4.31)	0.097 *** (3.63)	0.141 *** (5.50)	0.137 *** (4.89)	0.127 *** (4.84)	0.126 *** (4.86)
age	-0.003 (-0.39)	-0.006 (-0.61)	-0.005 (-0.49)	-0.003 (-0.31)	-0.002 (-0.21)	-0.002 (-0.18)
size	0.091 *** (2.66)	0.106 *** (3.02)	0.117 *** (3.38)	0.109 *** (3.10)	0.105 *** (2.99)	0.105 *** (2.96)
soe	-0.010 (-0.10)	-0.027 (-0.27)	-0.052 (-0.50)	-0.022 (-0.21)	-0.032 (-0.31)	-0.031 (-0.31)
fe	0.255 (0.84)	0.375 (0.96)	0.009 (0.03)	0.446 (0.74)	0.238 (0.54)	0.469 (0.80)
hc	0.229 *** (6.40)	0.238 *** (6.50)	0.241 *** (6.60)	0.237 *** (6.44)	0.237 *** (6.48)	0.246 *** (6.65)
C	-2.152 *** (-9.14)	-1.218 *** (-5.42)	-1.279 *** (-5.88)	-1.020 *** (-4.42)	-1.023 *** (-4.50)	-1.059 *** (-4.66)
μ	yes	yes	yes	yes	yes	yes
ζ	yes	yes	yes	yes	yes	yes
F	26.07	24.13	24.07	22.58	22.92	23.05
N	737	737	737	737	737	737

注：*** 、** 分别表示 1%、5% 的显著性水平；括号内数值为根据稳健标准误计算的 t 统计值。

表 8–6 中，第（1）列用劳动力共享变量替换服务业集聚区，以剔除知识溢出因素的影响。劳动力共享变量的系数估计值在 1% 水平上显著为正，表明服务业集聚区所形成的劳动力共享提高了企业的创新能力。服务业集聚区吸引了大量专业化程度较高的服务业工人，提供了完备的劳动力市场。劳动力共享的存在，既提高了企业岗位需求与劳动供给相匹配的质量和概率，也减轻了契约签订和执行中的"敲竹杠"问题，使企业能迅速、方便地从外部获得所需要的创新型人才以加速创新。

第（2）列用知识溢出替换服务业集聚区变量，以剔除劳动力共享因素的影响。知识溢出变量的估计系数为正，并通过了 1% 水平的显著性检验，证实服务业企业所获得的知识溢出有利于创新。服务业集聚区创造了一个非正式的知识交换场所，降低了知识尤其是隐性知识在企业间溢出的壁垒，使企业尤其是那些高度依赖创意的知识密集型企业可以更容易地获得相关的知识，这不但加速了研发、工艺、市场和管理等各类存量知识的扩散，还通过公共知识池推动了新知识的创造。

为考察服务业进出口对服务业企业创新的影响，第（3）列、第（4）列分别用服务业进口、服务业出口替换全球价值链变量。服务业进口的系数估计值为正，并通过 1% 水平的显著性检验，表明服务业进口能够提高企业创新能力，这与唐保庆等（2011）的结论相近。通过服务业进口，服务业企业获得了外国 R&D 资本的技术外溢，有利于企业的全要素生产率提升和技术进步，并促进企业创新。与此相对，服务业出口的估计系数不显著，表明中国服务业企业通过"出口中学习"来吸收国际技术外溢，进而提升创新能力的机制较弱，本结论也得到了刘丹鹭（2013）的证实。限于数据，这里不能识别"服务业出口无助于服务业企业创新"的原因，这一问题有待后续的进一步研究。

第（5）列、第（6）列分别用常规服务外包、逆向服务外包替换全球价值链变量，探讨离岸服务外包对服务区企业创新的影响。常规服务外包、逆向服务外包变量的估计系数分别在 5% 和 1% 水平上显著为正，证实了离岸服务外包的确能够促进服务业企业创新。可见，无论是被动承接发达国家企业的发包，还是主动向发达国家企业发包，都有助于中国服务业企业获得国际技术外溢和集聚全球创新资源，进而提高企业的研发和创新能力。

至此，进一步证实了命题 8.1 和命题 8.2。劳动力共享和知识溢出这 2 类集聚外部性都促进了服务业企业创新；4 类典型的全球价值链嵌入方式中，除服务业出口的正向作用不显著外，服务业进口、常规服务外包和逆向服务外包均提升了服务业企业的创新能力。

三、稳健性检验

上述以创新能力作为被解释变量的实证分析，证实了建设服务业集聚区、嵌入服务业全球价值链所具有的创新效应。这一结论是否稳健，需要进一步检验。这里用专利数作为新的被解释变量，替换基准估计中的创新能力，进行稳健性检验。由于被解释变量是具有内在排序特征的离散整数变量，OLS 估计不能得到精确的参数估计值，应选择排序模型进行极大似然估计：如果随机误差项服从正态分布，采用排序的正态分布二值模型（ordered probit，简写为 oprobit）进行估计；如果随机误差项服从逻辑分布，则采用排序的逻辑分布二值模型（ordered logit，简写为 ologit）更为合理。

本章对全部样本分别进行 oprobit 和 ologit 估计，同时以 OLS 估计结果作为对照。表 8 - 7 报告了稳健性检验的结果。极大似然估计结果显示，服务业集聚区、全球价值链变量均在 1% 水平上显著为正，这与基准估计的结果相同。OLS 估计结果也提供了有力的佐证。这再次证实了服务业集聚区提供的集聚外部性，以及嵌入全球价值链所获得的国际技术外溢能有效地促进服务业企业创新。

表 8 - 7　　服务业集聚区、全球价值链与企业创新：稳健性检验

变量	(1)	(2)	(3)	(4)	(5)	(6)
	OLS	oprobit	ologit	OLS	oprobit	ologit
sa	0.083 *** (3.40)	0.196 *** (3.47)	0.403 *** (3.74)	0.060 ** (2.48)	0.177 *** (2.95)	0.386 *** (3.36)
gvc	0.416 *** (5.29)	0.802 *** (5.64)	1.519 *** (5.91)	0.324 *** (4.26)	0.644 *** (4.12)	1.330 *** (4.49)

续表

变量	(1)	(2)	(3)	(4)	(5)	(6)
	OLS	oprobit	ologit	OLS	oprobit	ologit
rd				0.067 ***	0.169 ***	0.263 ***
				(3.65)	(4.28)	(3.63)
age				-0.003	-0.009	-0.025
				(-0.37)	(-0.50)	(-0.78)
size				0.145 ***	0.332 ***	0.604 ***
				(5.18)	(5.93)	(6.08)
soe				-0.205 **	-0.542 ***	-1.155 ***
				(-2.49)	(-2.97)	(-3.41)
fe				0.254 ***	0.197	0.381
				(3.34)	(0.78)	(0.81)
hc				0.058 ***	0.153 ***	0.329 ***
				(2.65)	(2.90)	(3.40)
C	1.373 ***			0.919 ***		
	(11.13)			(5.54)		
μ	yes	yes	yes	yes	yes	yes
ζ	yes	yes	yes	yes	yes	yes
F/Wald	30.15	270.98	229.45	165.94	288.44	261.60
N	864	864	864	741	741	741

注：*** 、** 分别表示1%、5%的显著性水平；括号内数值为根据稳健标准误计算的 t 统计值。

从第（5）列、第（6）列的估计结果看，R&D 投入、企业规模、人力资本仍对企业创新有正向影响，而企业年龄的影响仍不显著，这与基准估计结果相同。与民营企业相比，国有或集体企业的平均专利数较少，外资企业则无显著差异。稳健性检验结果表明，服务业集聚区、全球价值链具有正向的创新效应这一结论是稳健的。

四、内生性考察

本章的回归模型中，通过控制企业特征变量以及行业、园区固定效应，较好地缓解了遗漏变量的内生性。但这里仍有必要讨论全球价值链变量的内生性问题。一方面，企业创新可能反过来影响企业嵌入全球价值链的决策，即创新能力强的服务业企业更有意愿和能力嵌入全球价值链，从而产生联立内生性；另一方面，企业可能具有不可观测的异质性，这些异质性因素可能会同时影响企业的创新和嵌入全球价值链的决策，由此产生遗漏变量的内生性。

这里采用倾向得分匹配（PSM）方法来处理可能的内生性。这里的处理组为嵌入全球价值链的 106 家企业，对照组为未嵌入全球价值链的 627 家企业。以服务业集聚区和所有控制变量作为匹配变量，估计一个 Probit 模型，由此计算企业嵌入全球价值链的概率（倾向得分），进而比较处理组和对照组企业嵌入全球价值链的概率，将概率最接近的处理组、对照组企业进行匹配。考虑到样本中具有可比性的对照组个体较为充裕，采用无放回的核匹配以获得较高的匹配效率。

利用 PSM 估计平均处理效应，结果如表 8 - 8 所示。表 8 - 8 中第（1）列显示，处理组与对照组的 ATT 差异为 0.390，并在 1% 水平显著。这一结果表明，与未嵌入全球价值链相比，服务业企业嵌入全球价值链能够获得创新能力的提升。可见，在进一步处理了内生性偏误后，嵌入全球价值链对服务业企业创新仍具有显著的促进作用。

表 8 - 8　　　　　服务业集聚区、全球价值链与企业创新：内生性考察

处理变量		(1)	(2)	(3)	(4)	(5)
		gvc	$gvc1$	$gvc2$	$gvc3$	$gvc4$
倾向得分匹配	ATT	0.390 ***	0.700 ***	− 0.203	0.549 ***	0.675 ***
	t-stat	3.07	2.78	− 0.58	2.91	2.49
	处理组	106	24	29	22	11
	对照组	627	290	581	624	556
马氏距离匹配	ATT	0.461 ***	0.792 ***	0.034	0.491 ***	0.732 ***
	t-stat	4.55	3.54	0.19	2.63	3.23
	处理组	106	24	29	22	11
	对照组	631	713	708	715	726

注：*** 表示 1% 的显著性水平。

类似地，嵌入全球价值链的 4 种典型方式的内生性，也可以采用 PSM 方法来处理。结果见表 8 - 8 的第（2）列至第（5）列。服务业进口、常规服务外包和逆向服务外包变量的 ATT 差异均在 1% 水平上显著为正，表明这 3 类活动均有效提高了企业的创新能力；服务业出口的 ATT 差异不显著，表明服务业出口对企业创新能力无显著影响。PSM 结果进一步确认了前面对这 4 种典型方式的考察结论。

此外，作为对 PSM 结果的验证，表 8 - 8 中也列出了基于马氏距离匹配的实证结果。匹配中使用异方差稳健标准误，以提高估计精度。与 PSM 结果类似，马氏距离匹配结果也证实了嵌入全球价值链对服务业企业创新的正向作用，并评估了服务业进口等 4 种典型方式的影响。

五、进一步分析：吸收能力的作用

前面在理论分析基础上，实证检验了命题 8.1 和命题 8.2，证实横向的服务业集聚区、纵向的全球价值链这两个维度都能够显著地促进服务业企业创新。本部分进一步探讨如下问题：建设服务业集聚区、嵌入服务业全球价值链的创新效应，是否受企业吸收能力的制约？

吸收能力是企业识别外部知识的价值、消化外部知识，并将外部知识应用于商业用途的能力（Cohen and Levinthal，1990）。服务业企业的创新，既依赖服务业集聚区提供的知识溢出，也得益于嵌入全球价值链所获得的国际技术外溢。将这些外部知识应用于创新的过程中，企业的吸收能力可能扮演重要角色。现有研究显示，吸收能力既可能直接影响企业的创新能力，也可能发挥间接的调节作用。一方面，吸收能力对企业创新能力产生直接作用。一般来说，拥有更强吸收能力的企业往往拥有更强的创新能力（Nieto and Quevedo，2005）。另一方面，在外部知识与企业创新的因果链条中，吸收能力可能起到间接的调节作用，即吸收能力系统地改变了外部知识影响企业创新的方向和强度。例如，在常规服务外包中，东道国接包企业的吸收能力对国际技术外溢效应的发挥起着关键作用（李元旭、谭云清，2010）。

这里同时从直接作用和调节作用两个角度，考察吸收能力在服务业企业创新中扮演的角色。在式（8.1）基础上引入吸收能力变量，构造如下两个回归模型：

$$innov_{ijk} = \beta_0 + \beta_1\, sa_{ijk} + \beta_2\, gvc_{ijk} + \beta_3\, ac_{ijk} + \beta_4\, fc_{ijk} + \mu_j + \zeta_k + \varepsilon_{ijk} \quad (8.2)$$

$$innov_{ijk} = \beta_0 + \beta_1\, sa_{ijk} + \beta_2\, gvc_{ijk} + \beta_3\, ac_{ijk} + \beta_4\, sa_{ijk} \times ac_{ijk}$$
$$+ \beta_5\, gvc_{ijk} \times ac_{ijk} + \beta_6\, fc_{ijk} + \mu_j + \zeta_k + \varepsilon_{ijk} \quad (8.3)$$

式（8.2）中，AC 表示企业的吸收能力，根据该变量的估计系数可以考察吸收能力对服务业企业创新的直接作用。式（8.3）则进一步引入服务业集聚区与吸收能力的交叉项、全球价值链与吸收能力的交叉项，根据交叉项的系数估计值探讨吸收能力的调节作用。其余变量的含义与式（8.1）相同。

接下来报告吸收能力变量的生成。扎赫拉和乔治（Zahra and George, 2002）详细划分和界定了吸收能力的 4 个维度，即知识获取、知识消化、知识转换、知识应用。詹森和沃尔贝尔达（Jansen and Volberda, 2005）在此基础上进行量表开发，使对吸收能力各维度的分析变成可能。借鉴上述文献，问卷中设计以下 4 个题项：识别外部知识的用途、引进外部知识、将外部知识转化为自有知识、将新知识应用于相关产品或服务，分别对应知识获取、知识消化、知识转换、知识应用这 4 个维度。受调查企业对各题项"非常不符合、不符合、一般、符合、非常符合"的回答，分别对应取值 1、2、3、4、5。对上述 4 个题项得分进行因子分析，以建立吸收能力指标。[①]

表 8-9 中，第（1）列、第（2）列分别报告了不控制和控制企业特征变量时，对式（8.2）的 OLS 估计结果。吸收能力变量的系数估计值为正，并通过 1% 水平的显著性检验。这一结果表明，吸收能力会直接影响服务业企业的创新活动，拥有较强吸收能力的服务业企业往往具有较强的创新能力。

对式（8.3）的估计结果见表 8-9 的第（3）列至第（6）列。其中，第（3）列、第（4）列分别在不控制、控制企业特征变量时，加入服务业集聚区与吸收能力的交叉项、全球价值链与吸收能力的交叉项。从第（4）

---

① 限于篇幅，因子分析的过程、结果从略。

表8-9　　服务业集聚区、全球价值链与企业创新：吸收能力的作用

变量	(1)	(2)	(3)	(4)	(5)	(6)
sa	0.063 ** (2.02)	0.062 * (1.80)	0.070 ** (2.04)	0.062 (1.57)		
$sa2$					0.055 * (1.69)	0.042 (1.10)
gvc	0.229 *** (2.80)	0.241 *** (3.02)	0.165 * (1.67)	0.198 ** (2.20)	0.160 (1.62)	0.193 ** (2.14)
ac	0.592 *** (15.15)	0.534 *** (10.74)	0.569 *** (13.52)	0.523 *** (9.36)	0.574 *** (13.81)	0.531 *** (9.56)
$sa \times ac$			−0.022 (−0.67)	0.007 (0.21)		
$sa2 \times ac$					−0.022 (−0.69)	0.009 (0.26)
$gvc \times ac$			0.164 * (1.71)	0.097 (1.05)	0.162 * (1.69)	0.093 (1.01)
C	−0.162 (−1.13)	−0.714 *** (−3.91)	−0.150 (−1.04)	−0.712 *** (−3.85)	−0.153 (−1.06)	−0.719 *** (−3.87)
fc	no	yes	no	yes	no	yes
μ	yes	yes	yes	yes	yes	yes
ζ	yes	yes	yes	yes	yes	yes
F	73.59	41.27	74.03	41.76	73.38	41.37
N	884	732	884	732	884	732

注：***、** 和 * 分别表示1%、5%和10%的显著性水平；括号内数值为根据稳健标准误计算的 t 统计值。

列中交叉项的估计系数来看，吸收能力的调节作用并不显著。在此基础上，第（5）列、第（6）列用知识溢出变量替换服务业集聚区变量，以剔除劳动力共享的作用。在控制了企业特征变量的第（6）列中，知识溢出与吸收能力交叉项、全球价值链与吸收能力交叉项的系数估计值均不显著。这进一步证实在服务业集聚区、全球价值链与服务业企业创新的因果链条中，吸收能力不存在间接的调节作用，即不会系统地改变建设服务业集聚区和嵌入服务业全球价值链影响企业创新的方向和强度。至此可以判断，吸收能力对服务业企业创新产生直接影响，但对服务业集聚区、全球

价值链的创新效应不存在调节作用。

第六节　小　结

本章探讨建设服务业集聚区、嵌入服务业全球价值链这两个重要经济现象的创新效应，试图为研究中国服务业创新提供一个新的视角。从理论上看，服务业集聚区为服务业企业的横向合作提供了载体，服务业全球价值链则使企业创新能力的纵向攀升成为可能。横向的服务业集聚区、纵向的服务业全球价值链，构成了推动服务业创新的双重维度。

在此基础上，基于 2013 年江苏 9 个服务业集聚区内 939 家企业的截面数据，在考虑全球价值链作用的同时，估计集聚外部性对城市服务业创新的影响。回归分析表明，服务业集聚区提供的集聚外部性，以及嵌入全球价值链所获得的国际技术外溢，显著提高了服务业企业的创新能力，且这一结论具有稳健性。此外，在服务业集聚区、全球价值链与服务业创新的因果链条中，吸收能力虽无调节作用，但能够直接促进服务业创新。

本章研究表明，建设服务业集聚区和嵌入服务业全球价值链有利于服务业创新。换言之，地方网络、全球网络的协同作用会形成双向的正反馈机制，从而提高服务业企业的创新能力。本章研究有如下启示：服务业集聚区建设中，要着力增加集聚外部性的供给；加大服务业对外开放力度，鼓励企业嵌入服务业全球价值链；充分重视对外部知识的识别、消化、转换和应用，将企业的各类外部知识变为企业的创新要素，也是促进企业创新的题中之义。

第九章

服务业集聚区与企业绩效

第一节　引　言

第八章的实证研究表明，服务业集聚区提供的集聚外部性显著促进了企业创新。本章接着探讨另一个问题：服务业集聚区会改善企业绩效吗？从微观层面看，问题聚焦于服务业集聚区提供的集聚外部性能否提升企业绩效。[①] 这一问题不仅具有理论上的研究价值，更涉及对服务业集聚区政策效果的现实评价。

本章首先从集聚外部性、关联效应两个维度来定义服务业集聚区的作用机制，前者指空间上的邻近有利于企业获得劳动、知识等生产要素；后者则强调企业靠近中间产品和接近市场所获得的便利。在理论分析的基础上，利用江苏9个服务业集聚区的企业微观数据实证检验集聚外部性、关联效应对企业绩效的影响。

进一步地，本章将集聚外部性理解为一种"集聚租"，而将地方政府向服务业集聚区内企业提供的基础设施、优惠政策视为"政策租"，并试图从集聚租和政策租的双重维度，探求服务业集聚区对企业绩效的影响机制。与非集聚区域相比，企业在服务业集聚区内有可能获得集聚租。集聚租强调邻近空间上的互动带给服务业企业的好处，主要表现为劳动力共享

---

① 本章的企业绩效，特指以财务指标衡量的企业经营绩效。

和知识溢出（Marshall，1920；Glaeser et al.，1992）。集聚租带来了成本剩余或收益剩余，从而提升了服务业企业绩效。

除了集聚租，地方政府为服务业集聚区内企业提供的政策租也不容忽视。服务业集聚区少数是源于企业在要素禀赋基础上的市场化集聚，大部分则由地方政府在一定产业规模基础上培育服务业龙头企业而形成，甚至直接来自地方政府部门的规划设计（姜长云，2014）。为吸引服务业企业进驻，地方政府不但完善了服务业集聚区的基础设施，还以专项补贴、税收优惠、租金减免等形式给予入驻企业优惠政策。基础设施、优惠政策所构成的"政策租"可能提升企业绩效。

如果集聚租、政策租均能够产生积极作用，自然引出另一个问题：服务业集聚区对企业绩效的主要影响机制是集聚租还是政策租？这一问题与服务业集聚区自身的可持续发展密切相关。如果政策租是主要影响机制，意味着企业的经营高度依赖服务业集聚区持续的基础设施和优惠政策支持，这将给地方政府带来巨大的财政压力。更糟糕的是，与居民行为类似，企业也会通过"用脚投票"来获得自己需要的公共品（Tiebout，1956）。一旦服务业集聚区所提供的政策租耗散殆尽，企业将迁徙到能提供更多政策租的其他服务业集聚区，对那些资产专用性水平较低的企业来说，这种迁徙更容易实现。从长远来看，以政策租来吸引企业集聚不利于服务业集聚区的可持续发展。因此，对于政策租是否是服务业集聚区对企业绩效的主要影响机制，有必要进行深入分析。

第二节　理论分析

20世纪80年代以前，企业绩效的评价主要基于财务指标，此后开始扩展至战略、顾客满意度、学习与创新能力等非财务指标（Bacidore et al.，1997）。财务指标度量企业最核心的盈利能力，因此，在企业绩效评价中处于基础地位（孙永风、李垣，2004）。本章对企业绩效的评价主要基于利润率这一财务指标，因为利润率同时反映了企业的收益和成本，是衡量企业绩效的最全面指标（宋立刚、姚洋，2005）。在成本维度，则特别关注服务业集聚区对企业融资成本的影响，这是因为服务业企业固定资产相对较少，往往难以提供足额的风险抵押物，其融资难问题比一般中小企业更为突出，如果服务业集聚区能够降低融资成本，无疑将有效地提升企业绩效。

本章考察服务业集聚区对企业绩效的影响机制。根据集聚理论，服务业集聚区影响企业绩效的第一种机制是集聚外部性，强调服务业集聚区方便了企业之间的近距离互动，使企业容易获得劳动、知识等生产要素（Marshall，1920）；服务业集聚区吸引专业化程度较高的服务业工人，便于服务业企业寻找与岗位需求相匹配的劳动力，并减少契约签订和执行中的逆向选择和道德风险；同时，服务业集聚区内部会形成非正式的知识交换场所，促进知识在不同服务业企业之间的溢出，使企业更容易地获得相关的知识，这对于高度依赖创意和灵感的知识密集型服务业企业尤为重要。

特别地，集聚外部性也有利于降低服务业企业的融资成本。长期以来，融资难问题成为制约中国企业尤其是中小企业发展的关键障碍。对大部分服务业企业来说，由于其资产规模较小，且主要为知识、创意、品牌等无形资产，往往不能提供有效的固定资产抵押，因此难以获得经营所需的资金。加之资金借贷中的信息不对称，即使优质的服务业企业也可能遭遇逆向选择问题，融资能力受到制约（林毅夫、孙希芳，2005）。但在服务业集聚区中，劳动力的汇聚和面对面交流促进了知识溢出和信息扩散，有效减少了企业与银行等金融机构间的信息不对称，使金融机构更容易获得服务业企业完整的经营和信用信息，增加了对企业的信任，从而有助于降低企业融资难度、节约融资成本（盛丹、王永进，2013）。

命题 9.1：服务业集聚区提供的集聚外部性能提升企业绩效。

在服务业集聚区中存在供应商或客户的企业，还可能额外获得关联效应，这是服务业集聚区影响企业绩效的第二种机制。具体而言，如果企业在服务业集聚区中存在供应商，则可能享受靠近中间产品的后向关联效应；存在客户则可能获得接近市场的前向关联效应（Venables，1996）。在发展较为成熟的服务业集聚区，企业间存在较强的前后向关联，形成完整的服务业产业链。例如，在全球最具影响力的电影产业集聚区好莱坞，上百家电影制作企业既与剧本创作、乐团、场景设计、道具、电影剪辑等各种中间产品的供应商建立了后向关联，其生产的电影产品也作为中间产品与电影的发行、放映企业等客户建立了前向关联，构建了完整的电影产业链（钱志中，2008；O'Sullivan，2012）。电影并不是标准化产品，其设计和制作过程中需要参与者面对面的交流，因此，集聚于好莱坞为上下游企业的垂直合作创造了条件。与好莱坞相比，中国横店影视城的主要功能集中在古装影视的拍摄环节，在前期的剧本创作、后期的发行等环节上较为缺乏，园区的影视产业链有待进一步向两端延伸（徐铭，2012）。

关联效应对企业绩效的影响主要表现在以下方面。首先，便于响应经营环境变化。由于上下游企业同处服务业集聚区，不但供应商能迅速响应客户的需求调整，客户也能轻松应对供应商的供给变化，这有利于企业及时调整经营策略。这种快速响应机制，对那些非标准化产品比例高的服务业企业更加重要。其次，节省企业的履约费用。服务业集聚区中，上下游企业间的重复交易可以提高相互信任度，即使在契约执行环节产生商业纠纷，也易于通过友好协商来解决纠纷，因此节约了双方的诉讼成本（龙小宁等，2015）。最后，降低企业融资成本。一方面，上下游企业建立的相互信任关系有利于商业信用往来，即客户可以提前支付应付账款或供应商延后收取应收账款，为合作伙伴提供资金援助；另一方面，上下游合同的存在会有效降低银行和其他金融机构为这些企业提供贷款的风险，从而减少企业贷款时所需提供的抵押品金额，方便了企业融资（Long and Zhang，2012）。

命题 9.2：服务业集聚区提供的关联效应能提升企业绩效。

还可以从集聚租、政策租的双重维度，理解服务业集聚区对企业绩效的影响机制。在这里，我们将服务业集聚区提供的集聚外部性视为一种"集聚租"。集聚租是所有新经济地理学模型的核心特征之一，强调集聚区域的企业具有相对更好的绩效，表现为更高的企业利润率或资本收益率（Baldwin et al.，2003）。

除了集聚租，地方政府为服务业集聚区内企业提供的政策租也不容忽视。少数服务业集聚区是企业基于要素禀赋的市场化集聚，大多数则由地方政府以服务业龙头企业为核心规划设计而成。地方政府为吸引企业进驻投入大量资源，完善了服务业集聚区的水电、交通、通信及园区服务平台等基础设施，使企业花费低廉的代价就可以便捷地使用这些公共品，这就节约了企业成本。同时，对全园区或园区中的某些特定行业，地方政府给予专项扶持资金、税收减免或返还、土地租金减免等优惠政策，符合条件的服务业企业收益增加，或者得以进一步节约成本。这些基础设施、优惠政策所构成的"政策租"，是地方政府直接或间接向服务业企业提供的无偿转移，是鼓励企业实现地方政府既定目标的利益诱导。企业入驻服务业集聚区能够获得政策租，增加收益并节约成本，最终表现为利润率的上升，切实改善企业绩效。可见，随着市场化改革的全面推进，虽然服务业集聚区相对于一般性区域的制度优势已经式微，但其基础设施和优惠政策所产生的政策租仍在发挥作用。

命题9.3：服务业集聚区提供的集聚租、政策租能提升企业绩效。

当然，集聚租和政策租的相对强弱可能会随时间变化。对那些源自市场化集聚的服务业集聚区而言，成立初期主要的影响机制是集聚租；此后由于政府加以规划引导，在中期政策租对企业的吸引力变得更大；后期随着政策租耗散，集聚租将再次成为主要影响机制。但如果服务业集聚区来自政策性集聚，即由地方政府扶植龙头企业或直接规划设计而成，那么政策租可能在初期、中期均占据主要地位；在后期政策租耗散，让位于集聚租。鉴于当前大部分服务业集聚区属于政策性集聚，且处在政府大力进行财政投入的初期、中期阶段，笔者认为政策租的影响要强于集聚租。以下两个事实也支持这一判断。第一，部分服务业集聚区过度依赖政府的优惠政策、项目支持，可持续发展机制亟待形成（姜长云，2014）。许多地方政府仍然沿袭制造业集聚区建设的惯性思维和管理手段，热衷于引进大企业、大项目，不注重促进集聚区内的企业互动，致使集聚租的作用受到限制。第二，根据现有文献对制造业集聚区的研究，政策租明显扮演着比集聚租更重要的角色（郑江淮等，2008；钱学锋、陈勇兵，2009）。如果相较于制造业集聚区，服务业集聚区的建设模式未发生根本改变，那么更偏好政策租也是服务业企业的理性选择。

政策租成为服务业集聚区发挥经济影响的主要机制，有深层的制度原因。改革开放以来，中央政府对地方政府长期采取以 GDP 为核心的单维激励模式。地方政府官员参与晋升锦标赛，尽一切可能整合、利用其所能控制和影响的资源，以推动本地区的经济增长。建设服务业集聚区以吸引企业入驻，就是地方政府在竞争压力下的一项重要政策工具。为招商引资，地方政府大兴土木来完善园区的基础设施，同时给予服务业企业各种优惠政策，甚至不惜牺牲短期的财政收入来支持入驻企业，以满足企业对政策租的需求。基础设施的完善，以及提供给入驻企业的各项优惠政策，对服务业企业具有很大的吸引力，当这种政策租足够大时，将使企业在进行投资决策时完全忽略掉人力资本状况、服务业发展水平等相关的区位因素。此建设模式的特征是，在服务业集聚区日趋壮大的过程中，政策租所扮演的角色比集聚租更为重要。

命题 9.4：与集聚租相比，政策租是服务业集聚区影响企业绩效的主要机制。

第三节 集聚外部性的影响

一、模型、数据和变量

为验证命题 9.1 和命题 9.2，本章构造如下回归模型：

$$ep_{ijk} = \beta_0 + \beta_1\, ae_{ijk} + \beta_2\, le_{ijk} + \beta_3\, ec_{ijk} + \mu_j + \zeta_k + \varepsilon_{ijk} \qquad (9.1)$$

其中，i、j 和 k 分别表示企业、行业和园区；ep 为企业绩效；ae 为集聚外部性；le 为关联效应；ec 表示企业层面的控制变量；μ 和 ζ 分别为行业固定效应和园区固定效应；ε 为随机误差项；$\beta_0 \sim \beta_3$ 为待估计的系数向量。

数据来源同第八章。

被解释变量为企业绩效。本章对服务业企业绩效的测度集中于财务指标，并且在成本维度特别关注企业的融资成本。选取以下 2 个企业绩效变量：（1）利润率（pr）。利润率为企业税前利润与资产总值的百分比。本变量为离散变量，取值范围为 $\{1，2，3，4，5\}$，各数值分别代表被调查企业的利润率为"10%以下、11%~30%、31%~50%、51%~100%、100%以上"。（2）融资成本（fc）。参考盛丹、王永进（2013）的研究，本章选择用融资难度衡量企业的融资成本。该变量为离散变量，取值范围为 $\{1，2，3\}$，各数值分别代表企业融资"基本没有困难、有一定困难、非常困难"。

核心解释变量包括集聚外部性（ae）、后向关联效应（ble）、前向关联效应（fle）三类。其中，集聚外部性表现为企业可以便利地获得劳动、知识等生产要素，包括劳动力共享和知识溢出效应两种类型，变量的计算方法见第八章。

后向关联效应（ble）用于衡量服务业企业和供应商之间的关联强度。首先，设置供应商虚拟变量，企业在园区存在供应商时该变量取值为1，否则为0；其次，设置与供应商交往频率变量，该变量取值范围为 $\{1，2，3，4，5\}$，分别代表"没有或极少、少、一般、频繁、很频繁"；最后，后向关联效应表示为供应商虚拟变量和与供应商交往频率变量的乘积项，取值范围为 $\{0，1，2，3，4，5\}$。

前向关联效应（fle）用于衡量服务业企业和客户之间的关联强度。与后向关联效应类似，首先设置客户虚拟变量，企业在园区存在客户时该变量取值为1，否则为0；其次设置与客户交往频率变量，该变量取值范围为 $\{1，2，3，4，5\}$，分别代表"没有或极少、少、一般、频繁、很频繁"；前向关联效应即表示为客户虚拟变量和与客户交往频率变量的乘积项，取值范围为 $\{0，1，2，3，4，5\}$。

为缓解可能的遗漏变量所导致的内生性问题，在回归模型中引入企业特征、行业固定效应、园区固定效应等控制变量，变量的计算方法见第八章。特别指出的是，此处还引入一个新的控制变量对外合作（for），如果企业与境外（含港澳台）企业有进出口、外包、技术买卖、合资等方面的合作，变量取值为1，否则取值为0。

被解释变量、核心解释变量的描述性统计见表9-1。

表 9 - 1　　　　　　　　　主要变量的描述性统计

变量	符号	观测值	均值	标准差	最小值	最大值
利润率	pr	824	2.20	0.81	1.00	5.00
融资成本	fc	884	1.66	0.68	1.00	3.00
集聚外部性	ae	907	0.00	1.00	-2.46	1.84
后向关联效应	ble	903	0.88	1.58	0.00	5.00
前向关联效应	fle	902	0.79	1.56	0.00	5.00

二、基准估计

在回归分析前，有必要探讨可能存在的异方差和多重共线性问题。为处理异方差，本章对企业规模变量取对数，并且所有估计系数的 t 统计值均根据稳健标准误计算。为检验多重共线性，以利润率作为被解释变量进行 OLS 估计，进而计算解释变量的方差膨胀因子，发现所有解释变量的方差膨胀因子均小于可接受水平 10，可认为回归模型不存在多重共线性。

由于被解释变量为离散的整数变量，且具有内在的排序特征，因此应选择排序模型进行极大似然估计（盛丹、王永进，2013）：如果随机误差项服从正态分布，选择排序的正态分布二值模型（记为 oprobit）进行估计；如果随机误差项服从逻辑分布，则采用排序的逻辑分布二值模型（记为 ologit）。作为对照，本章也将报告采用 OLS 估计的回归结果。

基准估计以利润率作为被解释变量，所得结果如表 9 - 2 所示。表 9 - 2 中，第（1）列至第（3）列仅控制了行业、园区固定效应，第（4）列至第（6）列则进一步加入企业层面的控制变量。所有模型中，集聚外部性的系数估计值均为正，并在 1% 水平上显著。这一结果初步证实了命题 9.1，即服务业集聚区所产生的集聚外部性有助于提升企业绩效。仅控制行业、园区固定效应时，后向关联的估计系数为正但不显著；而在引入企业层面的控制变量后，后向关联效应的估计系数为正，且通过了 5% 水平的显著性检验。从缓解遗漏变量内生性的角度看，第（4）列至第（6）列的估计结果显然更加可靠，命题 9.2 对后向关联效应的判断得到证实。

表 9 - 2 集聚外部性、关联效应与企业绩效：基准估计

变量	(1)	(2)	(3)	(4)	(5)	(6)
	OLS	oprobit	ologit	OLS	oprobit	ologit
ae	0.1792 ***	0.2667 ***	0.4987 ***	0.1665 ***	0.2503 ***	0.4704 ***
	(5.13)	(4.90)	(4.99)	(4.64)	(4.47)	(4.63)
ble	0.0289	0.0453	0.0687	0.0520 **	0.0790 **	0.1369 **
	(1.20)	(1.34)	(1.11)	(2.10)	(2.23)	(2.14)
fle	0.0280	0.0394	0.0827	0.0228	0.0302	0.0600
	(1.35)	(1.27)	(1.51)	(1.03)	(0.91)	(1.04)
age				-0.0103	-0.0149	-0.0307
				(-1.20)	(-1.15)	(-1.41)
size				0.0611 *	0.0967 *	0.1846 **
				(1.78)	(1.93)	(1.99)
soe				-0.1647	-0.2494 *	-0.6083 ***
				(-1.63)	(-1.74)	(-2.63)
fe				0.0560	0.1020	0.0759
				(0.16)	(0.20)	(0.08)
for				0.1082	0.1617	0.3001
				(1.19)	(1.24)	(1.25)
hc				0.0436	0.0706	0.1169
				(1.40)	(1.53)	(1.40)
C	1.5749 ***			1.3382 ***		
	(11.89)			(6.95)		
μ	yes	yes	yes	yes	yes	yes
ζ	yes	yes	yes	yes	yes	yes
F/Wald	8.05	157.70	152.95	7.46	164.00	159.04
N	791	791	791	733	733	733

注：*** 、** 和 * 分别表示1%、5%和10%的显著性水平；括号内数值为根据稳健标准误计算的 t 统计值。

　　与后向关联效应不同，前向关联效应的系数估计值在表 9 - 2 的第（1）列至第（6）列中均不显著，表明前向关联效应对服务业企业绩效缺乏促进作用，这与命题9.2的预期不符。限于数据，本章无法更进一步探

讨其中的原因，仅根据现有文献提出一种可能的解释。文献证实企业间的商业信用普遍存在，但绝大部分是有利于买方的单向商业信用，表现为供应商为了其产品尽快销售而向客户提供商业信用（Love et al.，2007；陆正飞、杨德明，2013）。同时，中国企业间的商业信用具有恶意拖欠账款的显著特征，拥有较多应收账款的企业也倾向于扩大应付账款规模，从而使企业间产生许多"三角债"（刘小鲁，2012）。因此，服务业集聚区中的商业信用仍可能是相对有利于买方的，这就削弱了企业在集聚区中接近客户所得的收益，表现为回归结果中前向关联效应对企业绩效的影响不显著。

企业层面的控制变量中，企业规模变量的系数估计值为正且在不高于10%的水平显著，说明具有相对市场势力的企业能够获得较好的绩效。国有或集体企业变量的估计系数在排序模型中显著为负，说明与私营服务业企业相比，国有或集体性质的服务业企业营利能力较弱。企业年龄、外资企业、对外合作和人力资本等变量的估计系数则表明，这些因素对服务业企业的利润率无显著影响。

三、稳健性检验

基准估计的结论是否稳健，有必要进一步检验。第一种稳健性检验，估计集聚外部性、关联效应对服务业企业融资成本的影响。用融资成本替代利润率作为模型的被解释变量，参数估计结果如表9-3所示。表9-3中，第（1）列至第（3）列仅控制行业、园区的固定效应，第（4）列至第（6）列则进一步加入企业层面的控制变量。

表9-3　　集聚外部性、关联效应与企业绩效：融资成本视角

变量	(1)	(2)	(3)	(4)	(5)	(6)
	OLS	oprobit	ologit	OLS	oprobit	ologit
ae	-0.0794 *** (-2.70)	-0.1723 *** (-3.03)	-0.3236 *** (-3.09)	-0.0657 ** (-2.23)	-0.1445 ** (-2.48)	-0.2826 *** (-2.63)
ble	-0.0640 *** (-3.40)	-0.1627 *** (-4.11)	-0.2747 *** (-4.00)	-0.0575 *** (-2.90)	-0.1498 *** (-3.50)	-0.2486 *** (-3.42)

变量	(1)	(2)	(3)	(4)	(5)	(6)
	OLS	oprobit	ologit	OLS	oprobit	ologit
fle	−0.0113 (−0.60)	−0.0484 (−1.19)	−0.0865 (−1.14)	−0.0180 (−0.93)	−0.0585 (−1.36)	−0.1133 (−1.48)
age				−0.0064 (−0.98)	−0.0179 (−1.16)	−0.0318 (−1.23)
$size$				−0.0876*** (−3.47)	−0.1834*** (−3.26)	−0.3411*** (−3.34)
soe				−0.2254*** (−3.72)	−0.6476*** (−3.68)	−1.1010*** (−3.58)
fe				0.2873 (0.69)	0.4840 (0.64)	1.0137 (0.69)
for				0.0549 (0.74)	0.1321 (0.94)	0.2507 (0.98)
hc				−0.0345 (−1.36)	−0.0577 (−1.15)	−0.1018 (−1.11)
C	2.0285*** (17.67)			2.3678*** (15.80)		
μ	yes					
ζ	yes					
F/Wald	30.94***	342.14***	298.99***	29.16***	373.16***	320.54***
N	853	853	853	796	796	796

注：***、** 分别表示1%、5%的显著性水平；括号内数值为根据稳健标准误计算的 t 统计值。

表9-3的所有模型中，集聚外部性的估计系数均为负，并且在不高于5%水平上显著，表明集聚外部性能有效地降低企业融资成本。这再次证实了命题9.1，并与盛丹和王永进（2013）的研究结论类似。正如前面所指出的，服务业集聚区提供的集聚外部性促进了信息扩散，减少了企业与银行等金融机构之间的信息不对称，有助于金融机构了解企业经营、信用信息，从而降低了企业融资难度，节约了企业融资成本。

在表9-3第（1）列至第（6）列中，后向关联效应的系数估计值均在1%水平显著为负。可见，如果在服务业集聚区内存在供应商，企业就既能利用供应商的商业信用，也会因上下游合同而容易获得金融机构的贷款，因此降低了企业的融资成本。前向关联效应的系数估计值，在表9-3的所有模型中均不显著，表明服务业集聚区内存在客户并不能降低企业的融资成本。

企业层面的控制变量中，企业规模变量、国有或集体企业变量的估计系数均为负，且通过了1%水平的显著性检验，可见具有相对市场势力的企业、国有或集体性质的企业融资成本较低。企业年龄、外资企业、对外合作和人力资本等变量的系数估计值不显著，则表明这些因素无助于降低服务业企业的融资成本。

融资成本视角的稳健性检验，进一步证实了基准估计的发现：集聚外部性、后向关联效应显著提升了服务业企业绩效，前向关联效应的影响则不显著。

第四节　集聚租视角的研究

一、模型、数据和变量

为验证命题9.3，构造如下回归方程：

$$ep_{ijk} = \beta_0 + \beta_1 \, agg\_rent_{ijk} + \beta_2 \, policy\_rent_{ijk} + \beta_3 \, ec_{ijk} + \mu_j + \zeta_k + \varepsilon_{ijk} \quad (9.2)$$

其中，i、j和k分别表示企业、行业和园区；ep为企业绩效；agg_rent为集聚租；$policy\_rent$为政策租；ec表示企业层面的控制变量；μ和ζ分别为行业固定效应和园区固定效应；ε为随机误差项；$\beta_0 \sim \beta_3$为待估计的系数向量。

对命题9.4的验证，本章将在式（9.2）基础上比较核心解释变量的标准化系数，并进行基于回归的夏普里值分解。后者由肖罗克斯（Shorrocks，1999）提出，结合了回归方程和夏普里值分解原理，能够在统一的分析框架中计算各解释变量对被解释变量差异的贡献。万（Wan，2004）进一步处理了常数项和残差项，使基于回归的夏普里值分解更加完善并得到广泛应用。

数据来源同第八章。

被解释变量为企业绩效。可以用利润率（*pr*）、融资成本（*fc*）指标衡量企业绩效。此处增加营业收入（*revenue*）指标。营业收入从收益角度来衡量企业绩效，将在稳健性检验中作为利润率的替代指标。本变量为离散变量，取值范围为 {1，2，3，4，5，6，7}，各数值分别代表被调查企业的营业收入为"20 万元以下、21 万～100 万元、101 万～500 万元、501 万～1000 万元、1001 万～5000 万元、5001 万～1 亿元、1 亿元以上"。

核心解释变量包括集聚租（*agg_rent*）和政策租（*policy_rent*）。集聚租的衡量与集聚外部性相同。除集聚租外，服务业集聚区也通过基础设施、优惠政策为企业提供了政策租。一般来说，服务业集聚区的政策租作为一种公共品，要么提供给园区中的所有企业（如基础设施），要么由园区中特定行业的企业共享（如优惠政策）。鉴于政策租的这一特点，用国家级园区、省级园区之间的差异作为政策租的代理变量，这是因为国家级园区显然比省级园区能提供更多的政策租。具体的，如果企业处于国家级园区，政策租变量取值为 1；如果企业处于省级园区，政策租变量取值为 0。

为缓解可能的遗漏变量所导致的内生性问题，在回归模型中引入企业特征、行业固定效应、园区固定效应等控制变量。

被解释变量、核心解释变量的描述性统计见表 9－4。

表 9－4 主要变量的描述性统计

变量	符号	观测值	均值	标准差	最小值	最大值
利润率	*pr*	824	2.20	0.81	1.00	5.00
营业收入	*revenue*	833	2.92	1.53	1.00	7.00
融资成本	*fc*	884	1.66	0.68	1.00	3.00
集聚租	*agg_rent*	907	0.00	1.00	-2.46	1.84
政策租	*policy_rent*	939	0.68	0.47	0.00	1.00

二、基准估计

对于横截面数据来说，异方差和多重共线性可能损害参数估计的有效性。为处理异方差，根据稳健标准误计算估计系数的 t 统计值，并对企业规模变量取对数。经计算，各解释变量的方差膨胀因子远小于可接受水平10，可认为回归模型不存在多重共线性。

以服务业企业的利润率作为被解释变量，对全部样本数据进行基准估计。由于被解释变量为离散的整数变量，并且具有内在的排序特征，应选择排序模型进行极大似然估计（盛丹、王永进，2013），而非通常的 OLS估计：如果随机误差项服从正态分布，采用 oprobit 估计；如果随机误差项服从逻辑分布，选择 ologit 模型更为合理。作为对照，也报告采用 OLS 估计的结果。

在不控制、控制企业层面变量这两种情形下，分别进行 OLS、oprobit和 ologit 估计，见表 9 - 5 的第（1）列至第（6）列。结果表明，集聚租、政策租显著提高了服务业企业利润率：所有估计中，集聚租变量的系数估计值在 1% 水平上均显著为正；与 OLS 估计不同，oprobit 和 ologit估计显示政策租变量的系数估计值在 1% 水平上显著为正。这一结果初步证实了命题 9.3，即服务业集聚区产生的集聚租、政策租有助于提升企业绩效。

表 9 - 5　　　　　集聚租、政策租与企业绩效：基准估计和内生性考察

变量	OLS		oprobit		ologit		2SLS	
	（1）	（2）	（3）	（4）	（5）	（6）	（7）	（8）
agg_rent	0. 203 ***	0. 199 ***	0. 303 ***	0. 299 ***	0. 569 ***	0. 565 ***	0. 364 ***	0. 345 ***
	（6.31）	（6.02）	（5.97）	（5.74）	（6.19）	（6.01）	（2.88）	（2.62）
policy_rent	0. 682 ***	0. 092	1. 018 ***	0. 958 ***	1. 826 ***	1. 775 ***	0. 742 ***	0. 686 ***
	（5.61）	（0.62）	（5.34）	（4.31）	（5.34）	（4.42）	（5.65）	（4.40）
age		− 0. 003		− 0. 003		− 0. 012		− 0. 004
		（− 0.31）		（− 0.25）		（− 0.55）		（− 0.46）
size		0. 048		0. 076		0. 144		0. 028
		（1.42）		（1.55）		（1.59）		（0.78）
soe		− 0. 177 *		− 0. 264 *		− 0. 644 ***		− 0. 162 *
		（− 1.79）		（− 1.90）		（− 2.94）		（− 1.65）
fe		0. 039		0. 075		0. 019		0. 070
		（0.11）		（0.14）		（0.02）		（0.18）

变量	OLS		oprobit		ologit		2SLS	
	（1）	（2）	（3）	（4）	（5）	（6）	（7）	（8）
for		0.084 （0.93）		0.124 （0.95）		0.223 （0.93）		0.105 （1.15）
hc		0.037 （1.21）		0.059 （1.31）		0.098 （1.20）		0.041 （1.32）
C	1.584 *** （12.34）	1.391 *** （7.31）					1.610 *** （12.06）	1.457 *** （7.13）
μ	yes	yes	yes	yes	yes	yes	yes	yes
ζ	yes	yes	yes	yes	yes	yes	yes	yes
Kleibergen- Paaprk LM							23.01 *** ［0.00］	20.90 *** ［0.00］
Kleibergen- Paaprk Wald F							65.53 *** ｛16.38｝	48.97 *** ｛16.38｝
F/Wald	8.35	7.55	138.09	150.73	131.07	142.91	6.33	5.79
N	800	741	800	741	800	741	797	738

注：*** 、* 分别表示 1%、10% 的显著性水平。Kleibergen-Paap rk LM 检验的原假设是工具变量识别不足。Kleibergen-Paap rk Wald F 检验的原假设是工具变量为弱工具变量。小括号内数值为根据稳健标准误计算的 *t* 统计值；中括号内数值为对应检验统计值的 p 值；大括号内数值为 Stock-Yogo 检验的临界值。

企业层面的控制变量中，仅有国有或集体企业变量的估计系数在小于 10% 的水平上显著为负，说明国有或集体性质的服务业企业平均利润率低于私营服务业企业，表现出较弱的营利能力，这一结果与对中国国有企业绩效的现有研究相吻合（Xu and Wang，1999）。企业年龄、企业规模、对外合作和人力资本的估计系数均未通过显著性检验，表明这些因素对服务业企业的利润率无显著影响。外资企业变量的估计系数不显著，表明外资与私营服务业企业间的平均利润率无显著差异。

三、内生性考察

以上估计通过引入企业层面的控制变量以及行业、园区固定效应，较好地缓解了遗漏变量导致的内生性。但是，仍有必要讨论回归模型的联立内生性问题。一般来说，绩效较好的企业往往能提供更高的薪酬和福利，容易在服务业集聚区中寻找到需要的员工并接受其他企业的知识溢出，从而获得更强的集聚租，这意味着集聚租变量可能是内生的。对这种反向因果可能导致的联立内生性，这里采用工具变量法来处理。工具变量法的另一个优势是，可以进一步缓解遗漏变量产生的内生性。菲斯曼和斯文松（Fisman and Svensson，2007）指出，可以用内生解释变量在"行业—区域"层面的平均值作为企业层面上该变量的工具变量。借鉴这一做法，用与某一企业"同园区且同行业"的所有企业的集聚租平均值作为该企业集聚租的工具变量。从理论上说，某一园区内部某一行业的集聚租的平均水平既与其中个体企业的集聚租水平存在相关性，也不会对个体企业的绩效产生直接影响，即同时满足与内生解释变量相关、与随机误差项不相关这两个条件，因而是合理的。

表 9-5 报告了工具变量估计的结果。表 9-5 中第（7）列仅控制行业、园区固定效应，第（8）列则进一步加入企业层面的控制变量。结果表明，集聚租、政策租变量的系数估计值仍在 1% 水平显著为正，这与 oprobit 和 ologit 估计的结果一致。对工具变量分别进行弱工具变量检验、识别不足检验，Kleibergen-Paap rk Wald F 和 Kleibergen-Paap rk LM 统计值表明，工具变量同时满足工具相关性和工具外生性条件，是良好的工具变量。可见，用工具变量估计处理了模型可能存在的联立内生性后，命题 9.3 仍然成立。

四、稳健性检验

基准估计的结果是否稳健，有待进一步分析。稳健性检验用营业收入、融资成本分别替换被解释变量利润率，从收益、成本两个不同角度考察集聚租对企业绩效的作用。

以企业的营业收入替换利润率作为被解释变量，回归结果见表 9-6 的第（1）列至第（3）列。集聚租变量的系数估计值在小于 5% 水平上显著为正；与 OLS 估计不同，oprobit 和 ologit 估计中，政策租变量的系数估计值在小于 10% 水平上显著为正。可见，服务业集聚区提供的集聚租、政策租增加了企业的营业收入，进一步证实了命题9.3。

表 9 - 6　　　　　集聚租、政策租与企业绩效：稳健性检验

变量	营业收入			融资成本		
	OLS	oprobit	ologit	OLS	oprobit	ologit
	(1)	(2)	(3)	(4)	(5)	(6)
agg_rent	0.106 ** (2.40)	0.140 *** (2.94)	0.248 *** (2.97)	- 0.091 *** (-3.32)	- 0.196 *** (-3.55)	- 0.369 *** (-3.68)
policy_rent	0.313 (1.39)	0.441 * (1.74)	1.000 *** (2.67)	- 0.147 (-1.14)	- 0.629 ** (-2.52)	- 1.260 *** (-2.76)
age	0.065 *** (4.93)	0.069 *** (5.26)	0.121 *** (5.13)	- 0.013 * (-1.96)	- 0.034 ** (-2.19)	- 0.058 ** (-2.23)
size	0.740 *** (15.02)	0.768 *** (13.05)	1.381 *** (13.09)	- 0.084 *** (-3.33)	- 0.173 *** (-3.12)	- 0.321 *** (-3.24)
soe	0.552 *** (4.30)	0.570 *** (4.44)	0.977 *** (4.16)	- 0.218 *** (-3.70)	- 0.629 *** (-3.66)	- 1.057 *** (-3.49)
fe	- 0.572 ** (-2.43)	- 0.753 ** (-2.37)	- 1.268 *** (-2.65)	0.322 (0.78)	0.588 (0.78)	1.207 (0.84)
for	0.351 *** (2.71)	0.348 *** (2.61)	0.632 *** (2.62)	0.061 (0.81)	0.131 (0.93)	0.247 (0.95)
hc	0.076 * (1.84)	0.084 * (1.91)	0.115 (1.47)	- 0.028 (-1.16)	- 0.045 (-0.94)	- 0.085 (-0.97)
C	- 0.564 ** (-2.07)			2.337 *** (15.61)		
μ	yes	yes	yes	yes	yes	yes
ζ	yes	yes	yes	yes	yes	yes
F/Wald	48.00	500.88	272.23	25.87	323.57	297.83
N	751	751	751	804	804	804

注：***、** 和 * 分别表示1%、5%和10%的显著性水平；括号内数值为根据稳健标准误计算的 t 统计值。

以企业的融资成本替换利润率作为被解释变量，回归结果见表9-6的第（4）列至第（6）列。集聚租变量的系数估计值为正，且在1%水平显

著；与 OLS 估计不同，oprobit 和 ologit 估计中，政策租变量的系数估计值在小于 10% 水平上显著为负。结果表明，服务业集聚区提供的集聚租、政策租能有效降低企业融资成本，可见命题 9.3 具有稳健性，也与盛丹和王永进（2013）的研究结论吻合。

观察企业层面控制变量的估计系数的正负和显著性，有以下判断：企业年龄、企业规模有助于增加企业营业收入，并降低企业融资成本；所有制特征中，国有或集体企业平均营业收入高于私营企业，且融资成本更低，外资企业平均营业收入低于私营企业，融资成本则无显著差异；对外合作增加了企业的营业收入，但不能降低融资成本；人力资本无助于企业增加营业收入和降低融资成本。

上述估计结果明确了集聚租、政策租影响企业绩效的方向，证实了命题 9.3。而命题 9.4 "与集聚租相比，政策租是服务业集聚区影响企业绩效的主要机制" 仍有待验证，这涉及对集聚租、政策租相对作用强度的分析。为此，对所有变量进行标准化处理，再进行 oprobit 估计，ologit 估计结果与 oprobit 类似，限于篇幅未列出，结果如表 9－7 所示。基于标准化系数（或称 β 系数），能有效比较集聚租、政策租对企业绩效的影响程度。

表 9－7　　　集聚租、政策租与企业绩效：标准化系数的比较

变量	利润率		营业收入		融资成本	
	(1)	(2)	(3)	(4)	(5)	(6)
agg_rent	0.302 *** (5.97)	0.299 *** (5.74)	0.212 *** (4.32)	0.140 *** (2.94)	−0.221 *** (−4.07)	−0.196 *** (−3.55)
policy_rent	0.477 *** (5.34)	0.449 *** (4.31)	0.123 (1.53)	0.207 * (1.74)	−0.331 *** (−3.23)	−0.295 ** (−2.52)
age		−0.012 (−0.25)		0.262 *** (5.26)		−0.128 ** (−2.19)
size		0.083 (1.55)		0.842 *** (13.05)		−0.189 *** (−3.12)
soe		−0.079 * (−1.90)		0.171 *** (4.44)		−0.189 *** (−3.66)

变量	利润率		营业收入		融资成本	
	(1)	(2)	(3)	(4)	(5)	(6)
fe		0.006 (0.14)		−0.060** (−2.37)		0.047 (0.78)
for		0.042 (0.95)		0.118*** (2.61)		0.045 (0.93)
hc		0.068 (1.31)		0.096* (1.91)		−0.051 (−0.94)
μ	yes	yes	yes	yes	yes	yes
ζ	yes	yes	yes	yes	yes	yes
Wald	138.09***	150.73***	273.87***	500.88***	274.48***	323.57***
N	800	741	810	751	862	804

注：***、** 和 * 分别表示1%、5% 和10% 的显著性水平；括号内数值为根据稳健标准误计算的 t 统计值。

表9-7 在不控制、控制企业层面变量这两种情形下，分别报告了解释变量对利润率、营业收入、融资成本的回归结果。以控制了企业层面变量的第（2）列、第（4）列和第（6）列为准，比较政策租、集聚租变量的标准化系数，不难发现，政策租标准化系数的绝对值均明显大于集聚租标准化系数的绝对值，前者大约为后者的1.5 倍。可见，政策租是服务业集聚区影响企业绩效的主要机制，其作用强于集聚租，命题9.4 得到初步证实。

五、基于回归的夏普里值分解

除了比较集聚租、政策租的标准化系数，本章还采用基于回归的夏普里值分解方法比较集聚租、政策租对企业绩效差异的贡献率，以进一步证实命题9.4。为统一起见，以表9-5 第（4）列、表9-6 第（2）列和第（5）列的oprobit 估计结果为基础，生成用于分解的回归方程，进而对企业绩效差异进行夏普里值分解。其中，企业绩效差异包括利润率差异、营业收入差异、融资成本差异三类，均同时用基尼系数（Gini）、变异系数（CV）衡量。分解结果如表9-8 所示，各变量对企业绩效差异的贡献率用百分比表示。

表9-8		企业绩效差异的分解结果			单位：%	
变量	利润率		营业收入		融资成本	
	Gini	CV	Gini	CV	Gini	CV
集聚租	37.5	34.8	7.2	5.9	20.8	19.5
政策租	47.1	56.9	8.9	8.3	32.0	34.6
企业年龄	0.1	-0.4	14.0	13.3	11.6	10.9
企业规模	7.0	5.5	59.5	65.2	19.9	19.4
国有或集体企业	2.4	0.3	5.2	5.0	11.2	13.0
外资企业	0.0	0.0	0.1	0.0	0.2	0.2
对外合作	0.8	-0.7	2.2	1.0	1.6	1.0
人力资本	5.2	3.6	2.8	1.3	2.6	1.3
总计	100	100	100	100	100	100

观察以基尼系数衡量的企业绩效差异分解结果，不难发现：作为对利润率差异贡献最大的两个可观测因素，集聚租和政策租的贡献率分别为37.5%和47.1%，前者明显低于后者；营业收入差异的分解中，集聚租、政策租虽然不及企业规模、存续时间，但仍在较大程度上影响营业收入差异，其中集聚租的贡献率为7.2%，略低于政策租8.9%的贡献率；而在融资成本差异的分解中，集聚租和政策租是贡献最大的两个可观测因素，其贡献率分别为20.8%和32.0%，前者仍然低于后者。以变异系数衡量的企业绩效差异分解也得到类似的结果，说明分解具有稳健性。

基于回归的夏普里值分解表明，服务业集聚区影响企业绩效的两类机制中，政策租对企业绩效的作用强度要明显大于集聚租的作用强度。换言之，与集聚租相比，政策租是服务业集聚区影响企业绩效的主要机制。正如前面所分析的，目前的服务业集聚区仍沿袭制造业集聚区的建设模式，注重大企业、大项目的引进和带动，忽略基于产业生态和文化氛围的企业间互动，使集聚租的作用受到限制，导致政策租扮演的角色相对更为重要。由此，命题9.4得到证实。

六、进一步分析：企业的入驻动机

前面证实了命题9.3和命题9.4，即服务业集聚区提供的集聚租、政策租能提升企业绩效,且政策租的影响强于集聚租。本章将通过考察企业入驻服务业集聚区的动机,进一步分析服务业集聚区对企业绩效的影响机制。其逻辑在于,企业作为理性人,在选择入驻服务业集聚区时,能够清醒地认识到自身绩效是否受集聚租、政策租的影响,且能判断这两类影响机制的相对强弱(郑江淮等,2008)。

调查问卷中设置了题项考察企业的入驻动机。问卷中请企业选择以下5个集聚租选项中哪些吸引了企业入驻服务业集聚区:便于寻找人才、便于信息交流、宽松自由的社交环境、接近供应商和接近客户。其中,便于寻找人才、便于信息交流分别代表劳动力共享、知识溢出;接近供应商、接近客户则从价值链角度强调企业间的垂直关联,一般在园区中有供应商或客户的企业,可能更容易获得劳动、知识等生产要素;高度依赖面对面交流的知识溢出对社交环境要求较高,因此,宽松自由的社交环境用于刻画知识溢出的制约因素。

同样地,问卷中请企业选择以下5个政策租选项中哪些吸引了企业入驻服务业集聚区:硬件设施、交通、公共服务、园区品牌和优惠政策。其中,硬件设施、交通是园区通过大量物质资本投入所提供的有形基础设施;公共服务、园区品牌是园区以管理、广告宣传等方式提供的无形基础设施;优惠政策则包括园区在专项资金补助、税收减免、租金优惠和金融扶持等方面对企业的支持。

统计服务业企业对以上10个选项的投票,可以观察企业入驻服务业集聚区的动机。表9-9给出了939家服务业企业的投票结果。结果显示,在所有2874票中,5个政策租选项共得到了2050票,占总票数比重高达71.3%。其中,硬件设施、交通等有形基础设施得到1049票,占比36.5%;公共服务、园区品牌等无形基础设施得到590票,占比20.5%;优惠政策得到411票,占比14.3%。与此相对,5个集聚租选项总共只得到824票,占总票数比重仅为28.7%。其中,接近供应商、接近客户选项共得到424票,占比14.8%;便于寻找人才、便于信息交流、宽松自由的社交环境等选项得到400票,占比13.9%。显而易见,得票数的前5名全部是政策租选项。进一步地,表9-9也报告了被调查企业对4类优惠政策的投票结果,据此可判断不同类型的优惠政策对服务业企业的吸引力。不难发现,企业对优惠政策的偏好依次为专项资金补助、税收减免、金融扶持和租金优惠，其得票数占比分别为40.7%、24.9%、20.7%和13.7%。

表9-9　　　　　　　　　　　服务业企业的入驻动机分析

	选项	投票数（票）	百分比（%）	选项	投票数（票）	百分比（%）
入驻动机	硬件设施	590	20.5	接近供应商	228	7.9
	交通	459	15.8	接近客户	196	6.8
	优惠政策	411	14.3	便于信息交流	187	6.5
	公共服务	335	11.6	便于寻找人才	137	4.7
	园区品牌	255	8.9	宽松自由的社交环境	76	2.6
优惠政策	专项资金补助	347	40.7	金融扶持	176	20.7
	税收减免	212	24.9	租金优惠	117	13.7

从企业的入驻动机视角看，服务业集聚区提供的集聚租、政策租的确能够提升企业绩效，因此为企业所重视。但与集聚租相比，服务业集聚区中的企业显然更偏好政策租，从侧面进一步说明政策租是服务业集聚区影响企业绩效的主要机制。有必要指出，本章对命题9.4的验证是基于规模较大、集聚程度较高的国家级或省级服务业集聚区，由此可以推测在那些规模和集聚程度不足的市级、区县级服务业集聚区，由于集聚租相对更小，政策租很可能是服务业集聚区提升企业绩效的几乎唯一的机制。

在短期内，政策租能迅速吸引服务业企业集聚，有利于服务业集聚区的迅速扩张。但从长期来看，服务业集聚区高度依赖政策租存在着一系列问题。第一，效率问题。服务业集聚区的建设背离了"以集聚促发展"的初衷，所产生的集聚租有可能不足以覆盖地方政府投入的政策租，反而使地方政府背上了沉重的财政包袱。第二，公平问题。如果以这种方式将公共资源再分配给入驻企业，对服务业集聚区以外的企业明显有失公平。第三，可持续发展问题。地方政府对集聚区的财政投入不可能是无限的，政策租总有耗散的一天。等到服务业集聚区的基础设施老化、优惠政策退出，服务业企业就会"用脚投票"，迁往其他服务业集聚区寻找新的政策租，外部企业也不再有进入的动力，原服务业集聚区可能会迅速衰落。入驻企业缺乏园区根植性，增加了服务业集聚区未来发展的不确定性。

第五节　小　结

本章基于 2013 年江苏 939 家服务业企业的截面数据，实证分析服务业集聚区对企业绩效的影响。首先，在考虑关联效应的同时，估计服务业集聚区提供的集聚外部性的作用。回归结果显示，集聚外部性、后向关联效应显著提升了企业绩效，表现为提高利润率和降低融资成本，但前向关联效应的影响不显著。

进一步地，本章将集聚外部性视为一种集聚租。在考虑政府提供的政策租的同时，估计服务业集聚区提供的集聚租的作用。有两个发现：第一，集聚租、政策租均显著提升了服务业企业绩效，表现为提高企业的利润率、营业收入，并降低企业的融资成本；第二，标准化系数的比较，基于回归的夏普里值分解以及对企业入驻服务业集聚区动机的分析，均表明服务业集聚区对企业绩效的主要影响机制是政策租而非集聚租。

本章进一步证实了第八章所强调的"服务业集聚区应着力增加集聚外部性的供给"。此外，服务业集聚区在园区的项目引入上，还应注重产业间的内在关联，培育若干条有机的服务业产业链；并鼓励服务业集聚区内企业之间深化垂直分工，形成联系紧密的上下游价值链，从而发挥关联效应的作用。

第十章

结　语

第一节　主要结论

本书构造理论模型说明集聚外部性的作用机制，然后基于中国的经验数据，实证分析集聚外部性对城市和产业发展的影响。以下为主要研究结论。

一、城市集聚与劳动生产率

选取 2003～2011 年中国 204 个城市面板数据，建立空间计量模型考察城市集聚对劳动生产率的影响。研究发现：控制了资本存量、产业结构、人力资本、财政支出和基础设施等因素后，城市集聚对劳动生产率有显著为正的作用；作用强度在城市间存在差异，东部城市经济集聚的劳动生产率效应强于西部城市，弱于中部城市；邻近城市的劳动生产率会相互促进，即存在劳动生产率的空间溢出，这在东部城市中最为明显。

二、城市功能专业化的增长效应

"中心城市集聚服务功能、外围城市集聚生产功能"的城市功能专业化会促进经济增长吗？基于 2003～2011 年长三角城市群 16 个城市的面板数据，估计城市功能专业化对经济增长的影响。研究发现：控制了人均资本存量、人力资本、政府行为、外商直接投资等变量后，城市功能专业化对经济增长存在显著为正的作用；服务功能专业化的增长效应强于生产功能专业化。

三、城市集聚与出口的共生机制

基于 2005~2011 年中国 204 个城市数据，构造联立方程模型处理内生性，发现了城市集聚和出口相互强化、相互促进的共生机制。研究发现：城市集聚产生的外部性有利于出口，而出口扩张也会推动进一步的城市集聚；城市集聚和出口的共生机制在东部城市最强，中、西部城市集聚的出口效应显著为正，而出口的城市集聚效应不显著；2008 年金融危机后，外需不振使出口的城市集聚效应逐渐减弱；城市集聚和出口的共生机制在大城市比在中小城市更强烈。

四、创意阶层集聚与城市创新

城市创意阶层集聚是否有利于创新？针对这一问题，本书构建了一个创意者居住选择模型，揭示了创意阶层集聚通过技术外部性推动城市创新的理论机制，并利用 2007~2012 年中国 20 个大城市面板数据进行实证检验。研究发现：基准估计中，控制了人力资本、外商直接投资、对外贸易等知识外部性变量和其他环境变量后，创意阶层集聚显著促进了城市创新。对城市、时期子样本的回归则显示，创意阶层集聚与城市创新间的因果关系具有稳健性。

五、制造业集聚的增长效应

选取长三角城市群 2003~2011 年 21 个行业面板数据，估计制造业集聚的增长效应。研究发现：长三角城市群制造业的专业化水平和空间集中程度都存在下降趋势；控制了资本增长率、城市群规模等变量后，专业化水平会促进制造业增长，而空间集中程度对制造业增长有抑制作用；制造业集聚的增长效应主要集中在非资源依赖型行业，在资源依赖型行业并不显著。

六、服务业集聚区与企业创新

基于 2013 年江苏 939 家企业微观数据，在考虑全球价值链因素的同时，分析服务业集聚区对企业创新的影响。研究发现：服务业集聚区所提供的集聚外部性，以及嵌入全球价值链所获得的国际技术外溢，显著促进了企业创新。具体而言，劳动力共享、知识溢出这两类集聚外部性均具有正向的创新效应；四种典型的全球价值链嵌入方式中，服务业进口、常规服务外包和逆向服务外包都促进了企业创新，服务业出口的影响则不显著。

七、服务业集聚区与企业绩效

首先，利用 2013 年江苏 939 家企业微观数据，考虑关联效应的同时，实证分析服务业集聚区对企业绩效的影响。结果表明，集聚外部性、后向关联效应显著提升了企业绩效，表现为提高利润率和降低融资成本；而前向关联效应的影响不显著。

进一步地，将集聚外部性视为一种集聚租，在考虑政府提供的政策租的同时，估计服务业集聚区对企业绩效的影响。研究发现：集聚租、政策租均显著提升了服务业企业绩效，表现为提高企业的利润率、营业收入，并降低企业的融资成本；标准化系数的比较、基于回归的夏普里值分解则发现，当前服务业集聚区对企业绩效的主要影响机制是政策租而非集聚租；通过分析企业入驻服务业集聚区的动机，也发现企业更偏好政策租。

第二节　政策含义

改革开放以来，中国加入全球制造业分工网络，并在东部沿海城市及内陆大城市建立了完备的制造业体系，吸引劳动力和其他经济资源向东部城市或大城市集聚，推动了中国的城市化和工业化。这一历程，是经济集聚推动大国发展的生动注脚。本书的研究表明，集聚不仅在微观层面提升企业绩效，也在城市或产业层面上表现为促进创新、出口等活动，最终推动经济增长。在现阶段，集聚外部性在中国经济中仍扮演着重要角色，其作用亟待更大程度的发挥。因此，在政策的顶层设计中，应充分考虑如何通过城市集聚和产业集聚所提供的外部性，实现城市和产业的又好又快发展。

一、放松大城市人口管制

本书对城市集聚与劳动生产率、城市集聚与出口的因果推断都表明，城市规模扩张是充分利用集聚外部性的前提。但目前诸如"合理确定大城市落户条件、严格控制特大城市人口规模"等政策，往往忽略了集聚外部性所带来的好处。相比于城市扩张所带来的各种负面后果，城市规模扩大对城市发展所带来的正面效应往往容易被忽视。结果是，政策限制导致中国大多数城市的规模太小而不能有效利用集聚外部性，因而阻碍了城市生产率提高和经济增长（Henderson，2007）。此外，与高技能劳动力相比，低技能劳动力在东部城市、大城市遭受的户籍排斥更强烈，只能更多的分布在欠发达的农村，在客观上拉大了城乡收入差距。这种"效率与公平兼失"的政策思路有待扭转。本书认为，逐步放开行政权力对人口流动的限制，鼓励农业人口向城市尤其是大城市中的非农产业转移，以充分利用城市集聚外部性，应成为中国城市政策的一项基本原则。

二、重视创意阶层集聚

知识经济时代，中国城市发展的大趋势是走向智能化、知识化，城市的创新功能日渐突出，城市的创新水平在一定程度上决定了国家的可持续发展能力。本书研究表明，应当利用创意阶层集聚所产生的外部性促进城市创新。城市应为吸引创意阶层集聚创造良好的环境：应考虑签证、国籍、户籍等多个领域的改革，并完善知识产权保护制度，为全球创意阶层的流入创造制度条件；同时针对创意阶层的工作、生活和价值观特征，开发城市自然和人文景观，加大城市文化基础设施建设，营造多元、宽容的人文环境，以提升城市的美学品位和吸引力。2017 年开始，武汉、成都、西安等二线城市加入了引进、留住高学历人才的"抢人大战"，在一定程度上呼应了本书的政策含义。

三、促进城市功能专业化

功能专业化是由经济、地理、历史、文化等多种因素所决定的客观存在，其类型和程度在不同城市中可能存在差异。城市决策者要认识到城市功能分工的客观性，从城市自身的要素禀赋出发，顺应并强化功能分工模式。具体而言，大城市应在转移劳动密集型制造业的同时，注重提升服务业尤其是生产者服务业的服务效能和辐射范围，为整个城市群的制造业发展提供服务支持。中小城市应在制造、采矿、建筑等若干生产部门形成竞争力，避免当前盲目地、"一窝蜂"地发展生产者服务业，尤其是金融、总部经济、创意等高端生产者服务业的倾向，以提升城市资源的利用效率。①

同时，要着力发挥功能专业化、产业专业化的协同效应。本书研究显示，城市功能专业化并不能代替产业专业化，后者的经济增长效应同样重要。同一功能类型的城市间，仍可以在产业层面形成分工。例如，长三角城市群中，上海、南京同为服务功能专业化城市，其中，上海在金融、航运、总部经济方面优势明显，南京则在软件研发等生产者服务业方面形成特色；苏州、宁波同为生产功能专业化城市，却分别在电子信息、石化等细分产业上存在专业化优势。因此，如何同时发挥功能专业化和产业专业化在城市经济增长中的作用，是城市管理者有待解决的课题。

---

① 笔者在实地调研中常发现，许多明显不具备高端服务要素集聚能力的市、县级甚至园区级政府，在地区产业规划中都提出打造大规模的金融、总部经济、创意等服务业集聚区，并为此投入大量资源。从地区资源合理利用的角度看，类似政策思路值得商榷且亟待扭转。

四、继续推动制造业集聚

本书在产业转移背景下，以长三角城市群为例，证实了制造业集聚的增长效应。研究结论为"制造业双重转移"背景下发挥制造业集聚外部性的相关政策制定，提供了理论依据。一方面，发达区域（城市群）内部应减少市场分割、地方保护主义，逐步形成一体化的要素市场，实现制造业尤其是非资源依赖型制造业的自由流动。各城市根据自身禀赋条件和所处发展阶段，在制造业某细分产业上集聚，使城市间形成良好的产业内分工，避免城市间的恶性竞争和重复建设。另一方面，发达区域（城市群）应做好产业筛选工作，以基础设施投入、人才支持、政策倾斜等方式培育优势制造业，提升优势制造业的集聚水平，以利用其增长效应；同时，非优势制造业向发达区域（城市群）外转移时，也可保留研发、设计、市场营销等高端环节，与外部地区形成价值链分工。

五、服务业集聚区要提供集聚租

无论是以服务业集聚区促进服务业发展，还是服务业集聚区自身的可持续发展，关键都在于加大集聚外部性（集聚租）的供给。服务业集聚区的建设，应由自上而下的政策推动型转为基于系统性优势的集聚推动型。从根本上说，政策核心在于发挥市场在资源配置中的决定性作用：中央通过改革以 GDP 为主的绩效考核机制，减弱地方政府为增长而竞争的内在激励，以弱化政策租在服务业集聚区发展中的角色，进而依靠集聚租引导企业进行市场化集聚。

对地方政府而言，应把握以下政策原则。第一，重视人才汇聚和知识溢出。应在服务业集聚区培育宽松自由、开放包容、创新创业的文化氛围，以此吸引高水平的服务业专门人才汇聚，并通过沙龙、企业联谊会等形式的面对面交流，促进知识溢出和信息扩散。第二，创造有利于集聚租供给的园区制度环境。扭转"重规模，轻改革"的发展导向，出台针对服务业集聚区的法律法规，规范服务业集聚区内企业的经营行为，形成尊重契约、诚实守信、保护知识产权的园区生态环境，以制度优势吸引企业入驻。第三，转变当前服务业集聚区的建设思路。要顺应服务业发展规律，从积极的主导型政府向高效的服务型政府转变，摒弃单纯注重基础设施、优惠政策的粗放型建设思路，更加重视引导企业提升自生能力和园区根植性。

第三节　进一步研究方向

一、可能的创新

本书结合区域科学、城市经济学、新经济地理学和产业经济学等学科的研究成果，大量采用文献比对、数理模型、描述性统计、回归分析等方法，研究集聚外部性对中国城市、产业发展的影响。从学术标准看，本书可能有以下几方面创新。

第一，在对城市功能专业化特征的分析中，基于迪朗东和普加（2005）的研究发展出 D－P 功能专业化指数，并自定义了相对功能专业化指数，为后续经验研究提供了基础性工具。

第二，基于产业转移是原有集聚状态的瓦解和重构这一事实，将制造业集聚与转移纳入同一分析框架（即通过制造业集聚程度的变动判断是否发生制造业转移），在估计制造业集聚的增长效应的同时，考察制造业转移的影响。

第三，将城市集聚的出口效应、出口的城市集聚效应相结合，利用联立方程模型证实城市集聚和出口之间存在相互强化的共生机制，有助于理解改革开放后东部城市、大城市凭借"出口—集聚—出口"模式快速发展的现实。

第四，基于现行统计口径，提出与佛罗里达（2002）高度契合的中国城市创意阶层统计指标，并依据历年《中国创新城市评价报告》提供的城市创新综合评价指标，估计创意阶层集聚的创新效应，从而验证了创意阶层理论在中国的适用性。

第五，从集聚租、政策租的双重视角，分析服务业集聚区对企业绩效的影响机制。发现集聚租、政策租均显著提升了服务业企业绩效，但主要影响机制是政策租而非集聚租。这一结论有助于审视中国产业园区建设的有效性及合理性。

二、研究展望

本书基于集聚外部性视角，从理论上分析了集聚所产生的经济影响，并利用中国城市和产业数据进行实证检验。限于作者的学力和数据可得性，还有如下问题有待进一步探索。

首先，研究视角的拓展。本书所探讨的集聚外部性主要包括货币外部性、技术外部性两种类型。国外文献中讨论较多的城市人力资本的外部性、城市邻里效应等，本书未曾涉及；而城市（产业）集聚与环境污染、中心城市集聚对周边城市的影响等问题，也需深入探讨。

其次，服务业集聚研究的深化。如埃利森等（2010）所指出的，由于服务业运输成本较高，其集聚机制比制造业更难描述，现有文献对服务业集聚问题的研究成果远不能令人满意。后续研究中，应加强对服务业集聚外部性的考察。

最后，家庭微观数据的采用。本书的实证分析，主要依据中国城市、产业层面的数据，少量来自企业微观数据，不涉及家庭微观数据。近年来，中国家庭层面的微观调查数据越来越丰富，可以用于进一步的城市集聚外部性研究。

参考文献

［1］ 爱德华·格莱泽：《城市的胜利》，上海社会科学院出版社 2012 年版。

［2］ 安虎森：《新经济地理学原理（第二版）》，经济科学出版社 2009 年版。

［3］ 安同良、施浩、Alcorta：《中国制造业企业 R&D 行为模式的观测与实证》，载于《经济研究》2006 年第 2 期，第 21~30 页。

［4］ 毕斗斗、方远平：《生产性服务业集聚区发展的国际经验及启示》，载于《规划师》2015 年第 5 期，第 5~11 页。

［5］ 毕斗斗、方远平、谢蔓、唐瑶、林彰平：《我国省域服务业创新水平的时空演变及其动力机制》，载于《经济地理》2015 年第 10 期，第 139~148 页。

［6］ 曹勇、曹轩祯、罗楚珺、秦以旭：《我国四大直辖城市创新能力及其影响因素的比较研究》，载于《中国软科学》2013 年第 6 期，第 162~170 页。

［7］ 陈建军：《长江三角洲地区产业结构与空间结构的演变》，载于《浙江大学学报》2007 年第 2 期，第 88~98 页。

［8］ 陈良文、杨开忠、沈体雁、王伟：《经济集聚密度与劳动生产率差异——基于北京市微观数据的实证研究》，载于《经济学（季刊）》2008 年第 1 期，第 99~114 页。

［9］ 陈敏、桂琦寒、陆铭、陈钊：《中国经济增长如何持续发挥规模效应？——经济开放与国内商品市场分割的实证研究》，载于《经济学（季刊）》2007 年第 1 期，第 125~150 页。

［10］ 程开明：《聚集抑或扩散——城市规模影响城乡收入差距的理论

机制及实证分析》，载于《经济理论与经济管理》2011 年第 8 期，第 14 ~ 23 页。

［11］樊福卓：《地区专业化的度量》，载于《经济研究》2007 年第 9 期，第 71 ~ 83 页。

［12］范剑勇：《长三角一体化、地区专业化与制造业空间转移》，载于《管理世界》2004 年第 11 期，第 77 ~ 84 页。

［13］范剑勇：《产业集聚与地区间劳动生产率差异》，载于《经济研究》2006 年第 11 期，第 72 ~ 81 页。

［14］范剑勇、谢强强：《地区间产业分布的本地市场效应及其对区域协调发展的启示》，载于《经济研究》2010 年第 4 期，第 107 ~ 119 页。

［15］方远平、谢蔓、林彰平：信息技术对服务业创新影响的空间计量分析，载于《地理学报》2013 年第 8 期，第 1119 ~ 1130 页。

［16］菲利普·麦卡恩：《城市与区域经济学》，格致出版社、上海人民出版社 2010 年版。

［17］冯·杜能：《孤立国同农业和国民经济的关系》，商务印书馆 1986 年版。

［18］傅十和、洪俊杰：《企业规模、城市规模与集聚经济——对中国制造业企业普查数据的实证分析》，载于《经济研究》2008 年第 11 期，第 112 ~ 125 页。

［19］高波、陈健、邹琳华：《区域房价差异、劳动力流动与产业升级》，载于《经济研究》2012 年第 1 期，第 66 ~ 79 页。

［20］高虹：《城市人口规模与劳动力收入》，载于《世界经济》2014 年第 10 期，第 145 ~ 164 页。

［21］高铁梅：《计量经济分析方法与建模》，清华大学出版社 2009 年版。

［22］格里高利·曼昆：《经济学原理》，北京大学出版社 2012 年版。

［23］韩峰、柯善咨：《空间外部性、比较优势与制造业集聚——基于中国地级市面板数据的实证分析》，载于《数量经济技术经济研究》2013 年第 1 期，第 22 ~ 38 页。

［24］韩峰、柯善咨：《追踪我国制造业集聚的空间来源：基于马歇尔

外部性与新经济地理的综合视角》，载于《管理世界》2012年第10期，第55～70页。

[25] 贺灿飞、潘峰华：《产业地理集中、产业集聚与产业集群：测量与辨识》，载于《地理科学进展》2007年第2期，第1～13页。

[26] 贺灿飞、潘峰华：《中国城市产业增长研究：基于动态外部性与经济转型视角》，载于《地理研究》2009年第5期，第726～737页。

[27] 贺灿飞、朱彦刚、朱晟君：《产业特性、区域特征与中国制造业省区集聚》，载于《地理学报》2010年第10期，第1218～1228页。

[28] 洪进、余文涛、杨凤丽：《人力资本、创意阶层及其区域空间分布研究》，载于《经济学家》2011年第11期，第28～35页。

[29] 洪进、余文涛、赵定涛：《创意阶层空间集聚与区域劳动生产率差异——基于中国省际面板数据的分析》，载于《财经研究》2011年第7期，第92～102页。

[30] 黄玖立、李坤望：《出口开放、地区市场规模和经济增长》，载于《经济研究》2006年第6期，第27～38页。

[31] 黄玖立、吴敏、包群：《经济特区、契约制度与比较优势》，载于《管理世界》2013年第11期，第28～38页。

[32] 江小涓：《服务全球化的发展趋势和理论分析》，载于《经济研究》2008年第2期，第4～18页。

[33] 姜长云：《我国服务业集聚区发展的现状、问题及原因》，载于《经济研究参考》2014年第56期，第9～21页。

[34] 叫婷婷、赵永亮：《我国出口贸易企业集聚与贸易二元扩张》，载于《产业经济研究》2013年第1期，第41～51页。

[35] 金煜、陈钊、陆铭：《中国的地区工业集聚：经济地理、新经济地理与经济政策》，载于《经济研究》2006年第4期，第79～89页。

[36] 靖学青：《长三角地区制造业转移与集聚分析》，载于《南京社会科学》2010年第3期，第9～13页。

[37] 柯善咨、向娟：《1996—2009年中国城市固定资本存量估算》，载于《统计研究》2012年第7期，第19～24页。

[38] 柯善咨、姚德龙：《工业集聚与城市劳动生产率的因果关系和决

定因素——中国城市的空间计量经济联立方程分析》，载于《数量经济技术经济研究》2008 年第 12 期，第 3～14 页。

[39] 柯善咨、赵曜：《产业结构、城市规模与中国城市生产率》，载于《经济研究》2014 年第 4 期，第 76～88 页。

[40] 柯善咨、赵曜：《城市规模、集聚经济与资本的空间极化——基于我国县级以上城市面板数据的实证研究》，载于《财经研究》2012 年第 9 期，第 92～102 页。

[41] 李金滟、宋德勇：《专业化、多样化与城市集聚经济——基于中国地级单位面板数据的实证研究》，载于《管理世界》2008 年第 2 期，第 25～34 页。

[42] 李煜伟、倪鹏飞：《外部性、运输网络与城市群经济增长》，载于《中国社会科学》2013 年第 3 期，第 22～42 页。

[43] 李元旭、谭云清：《国际服务外包下接包企业技术创新能力提升路径——基于溢出效应和吸收能力视角》，载于《中国工业经济》2010 年第 12 期，第 66～75 页。

[44] 梁琦：《产业集聚论》，商务印书馆 2004 年版。

[45] 梁琦：《分工、集聚与增长》，商务印书馆 2009 年版。

[46] 梁琦、钱学锋：《外部性与集聚：一个文献综述》，载于《世界经济》2007 年第 2 期，第 84～96 页。

[47] 林毅夫、孙希芳：《信息、非正规金融与中小企业融资》，载于《经济研究》2005 年第 7 期，第 35～44 页。

[48] 刘丹鹭：《服务业国际化条件下的创新与生产率——基于中国生产性服务业企业数据的研究》，载于《南京大学学报》2013 年第 6 期，第 40～51 页。

[49] 刘磊、张猛：《贸易成本、垂直专业化与制造业产业集聚——基于中美数据的实证分析》，载于《世界经济研究》2014 年第 4 期，第 58～64 页。

[50] 刘绍坚：《承接国际软件外包的技术外溢效应研究》，载于《经济研究》2008 年第 5 期，第 105～115 页。

[51] 刘小鲁：《我国商业信用的资源再配置效应与强制性特征》，载

于《中国人民大学学报》2012 年第 1 期，第 68 ~ 77 页。

[52] 刘修岩、贺小海：《市场潜能、人口密度与非农劳动生产率——来自中国地级面板数据的证据》，载于《南方经济》2007 年第 11 期，第 26 ~ 36 页。

[53] 刘修岩：《集聚经济、公共基础设施与劳动生产率——来自中国城市动态面板数据的证据》，载于《财经研究》2010 年第 5 期，第 91 ~ 101 页。

[54] 刘奕、田侃：《国外创意阶层的崛起：研究述评与启示》，载于《国外社会科学》2013 年第 4 期，第 118 ~ 126 页。

[55] 刘奕、夏杰长：《全球价值链下服务业集聚区的嵌入与升级——创意产业的案例分析》，载于《中国工业经济》2009 年第 12 期，第 56 ~ 65 页。

[56] 龙小宁、张晶、张晓波：《产业集群对企业履约和融资环境的影响》，载于《经济学》（季刊）2015 年第 4 期，第 1563 ~ 1590 页。

[57] 陆铭：《大国大城》，上海人民出版社 2016 年版。

[58] 陆铭、高虹、佐藤宏：《城市规模与包容性就业》，载于《中国社会科学》2012 年第 10 期，第 47 ~ 66 页。

[59] 陆铭、向宽虎：《地理与服务业——内需是否会使城市体系分散化?》，载于《经济学》（季刊）2012 年第 3 期，第 1079 ~ 1096 页。

[60] 陆正飞、杨德明：《商业信用：替代性融资，还是买方市场?》，载于《管理世界》2011 年第 4 期，第 6 ~ 14 页。

[61] 毛丰付、潘加顺：《资本深化、产业结构与中国城市劳动生产率》，载于《中国工业经济》2012 年第 10 期，第 32 ~ 44 页。

[62] 倪鹏飞、白晶、杨旭：《城市创新系统的关键因素及其影响机制——基于全球 436 个城市数据的结构化方程模型》，载于《中国工业经济》2011 年第 2 期，第 16 ~ 25 页。

[63] 彭向、蒋传海：《产业集聚、知识溢出与地区创新——基于中国工业行业的实证检验》，载于《经济学》（季刊）2011 年第 3 期，第 913 ~ 934 页。

[64] 钱学锋、陈勇兵：《国际分散化生产导致了集聚吗?》，载于《世

界经济》2009 年第 2 期，第 27～39 页。

　　[65] 钱志中：《价值链的动态演进与美国电影产业的持续竞争优势》，载于《世界经济与政治论坛》2008 年第 6 期，第 106～111 页。

　　[66] 邱斌、周荣军：《集聚与企业的出口贸易决定——基于中国制造业企业层面数据的实证分析》，载于《东南大学学报》2011 年第 6 期，第 9～14 页。

　　[67] 邱风、张国平、郑恒：《对长三角地区产业结构问题的再认识》，载于《中国工业经济》2005 年第 4 期，第 77～85 页。

　　[68] 曲玥、蔡昉、张晓波：《"飞雁模式"发生了吗？——对 1998—2008 年中国制造业的分析》，载于《经济学》（季刊）2013 年第 3 期，第 757～776 页。

　　[69] 任志成、张二震：《承接国际服务外包、技术溢出与本土企业创新能力提升》，载于《南京社会科学》2012 年第 2 期，第 26～33 页。

　　[70] 单豪杰：《中国资本存量 K 的再估算：1952—2006 年》，载于《数量经济技术经济研究》2008 年第 10 期，第 17～31 页。

　　[71] 邵帅、杨莉莉：《自然资源丰裕、资源产业依赖与中国区域经济增长》，载于《管理世界》2010 年第 9 期，第 26～44 页。

　　[72] 盛丹、王永进：《产业集聚、信贷资源配置效率与企业的融资成本——来自世界银行调查数据和中国工业企业数据的证据》，载于《管理世界》2013 年第 6 期，第 85～98 页。

　　[73] 史修松、赵曙东、吴福象：《中国区域创新效率及其空间差异研究》，载于《数量经济技术经济研究》2009 年第 3 期，第 45～55 页。

　　[74] 宋立刚、姚洋：《改制对企业绩效的影响》，载于《中国社会科学》2005 年第 2 期，第 17～31 页。

　　[75] 宋伟轩、陈雯、陈培阳：《基于从业人口数据的长江三角洲内部职能分工与空间集聚特征》，载于《地理科学进展》2013 年第 9 期，第 1374～1382 页。

　　[76] 苏红键、赵坚：《产业专业化、职能专业化与城市经济增长——基于中国地级单位面板数据的研究》，载于《中国工业经济》2011 年第 4 期，第 25～34 页。

[77] 孙楚仁、于欢、赵瑞丽:《城市出口贸易产品质量能从集聚经济中获得提升吗?》,载于《国际贸易问题》2014年第7期,第23~32页。

[78] 孙永风、李垣:《企业绩效评价的理论综述及存在的问题分析》,载于《预测》2004年第2期,第41~47页。

[79] 唐保庆、陈志和、杨继军:《服务贸易进口是否带来国外R&D溢出效应》,载于《数量经济技术经济研究》2011年第5期,第94~109页。

[80] 万广华:《不平等的分解与度量》,载于《经济学》(季刊)2008年第1期,第347~368页。

[81] 万广华、范蓓蕾、陆铭:《解析中国创新能力的不平等:基于回归的分解方法》,载于《世界经济》2010年第2期,第3~14页。

[82] 王红领、李稻葵、冯俊新:《FDI与自主研发:基于行业数据的经验研究》,载于《经济研究》2006年第2期,第44~56页。

[83] 王永进、李坤望、盛丹:《地理集聚影响了地区出口贸易比较优势吗?——基于不完全契约的视角》,载于《世界经济文汇》2009年第5期,第61~75页。

[84] 魏后凯:《大都市区新型产业分工与冲突管理——基于产业链分工的视角》,载于《中国工业经济》2007年第2期,第28~34页。

[85] 吴福象、刘志彪:《城市化群落驱动经济增长的机制研究——来自长三角16个城市的经验证据》,载于《经济研究》2008年第11期,第126~136页。

[86] 徐铭:《横店影视基地可持续发展策略探讨》,载于《中国广播电视学刊》2012年第8期,第47~50页。

[87] 宣烨:《江苏现代服务业集聚区建设经验及对广西的启示》,载于《广西经济》2015年第6期,第42~45页。

[88] 宣烨、余泳泽:《生产性服务业层级分工对制造业效率提升的影响——基于长三角地区38城市的经验分析》,载于《产业经济研究》2014年第3期,第1~10页。

[89] 杨丽华:《长三角高技术产业集聚对出口贸易影响的研究》,载于《国际贸易问题》2013年第7期,第158~165页。

　　[90] 杨仁发：《产业集聚与地区工资差距——基于我国 269 个城市的实证研究》，载于《管理世界》2013 年第 8 期，第 41~52 页。

　　[91] 杨以文、郑江淮：《企业家精神、市场需求与生产性服务企业创新》，载于《财贸经济》2013 年第 1 期，第 110~118 页。

　　[92] 余壮雄、杨扬：《大城市的生产率优势：集聚与选择》，载于《世界经济》2014 年第 10 期，第 31~51 页。

　　[93] 张超：《低成本、出口、空间集聚与城市成长——以沿海开放城市为例》，载于《中国经济问题》2012 年第 2 期，第 33~43 页。

　　[94] 张军、章元：《对中国资本存量 K 的再估计》，载于《经济研究》2003 年第 7 期，第 35~43 页。

　　[95] 张来春：《长三角城市群汽车产品价值链分工研究》，载于《上海经济研究》2007 年第 11 期，第 43~52 页。

　　[96] 张若雪：《从产品分工走向功能分工：经济圈分工形式演变与长期增长》，载于《南方经济》2009 年第 9 期，第 37~48 页。

　　[97] 张学良：《中国区域经济转变与城市群经济发展》，载于《学术月刊》2013 年第 7 期，第 107~112 页。

　　[98] 张月友、刘丹鹭：《逆向外包：中国经济全球化的一种新战略》，载于《中国工业经济》2013 年第 5 期，第 70~82 页。

　　[99] 赵婷、金祥荣：《出口贸易集聚之溢出效应研究——基于中国企业层面数据的实证分析》，载于《浙江社会科学》2011 年第 6 期，第 16~25 页。

　　[100] 赵伟、张萃：《FDI 与中国制造业区域集聚：基于 20 个行业的实证分析》，载于《经济研究》2007 年第 11 期，第 82~93 页。

　　[101] 郑江淮、高彦彦、胡小文：《企业"扎堆"、技术升级与经济绩效》，载于《经济研究》2008 年第 5 期，第 33~46 页。

　　[102] 周圣强、朱卫平：《产业集聚一定能带来经济效率吗：规模效应与拥挤效应》，载于《产业经济研究》2013 年第 3 期，第 12~22 页。

　　[103] 朱斌、王渝：《我国高新区产业集群持续创新能力研究》，载于《科学学研究》2004 年第 5 期，第 529~537 页。

　　[104] 朱彦刚、贺灿飞、刘作丽：《跨国公司的功能区位选择与城市

功能专业化研究》，载于《中国软科学》2010 年第 11 期，第 98～119 页。

[105] 朱钟棣、杨宝良：《试论国际分工的多重均衡与产业地理集聚》，载于《世界经济研究》2003 年第 10 期，第 32～37 页。

[106] Adams J., Jaffe A., 1996, "Bounding the Effects of R&D: An Investigation Using Matched Establishment-firm Data", NBER Working Paper, 5544.

[107] Amiti M., 1999, "Specialization Patterns in Europe", *Weltwirtschaftliches Archiv*, 135 (4): 573–593.

[108] Andersen K. V., Lorenzen M., 2009, *The Danish Creative Class: Who Is It, How Does It Look, And Where Is It Located?*, Aarhus, Denmark: Klim.

[109] Anselin L., Raymond J., Florax G. M., Sergio J. R., 2004, *Advances in Spatial Econometrics: Methodology, Tools and Applications*, Berlin: Springer Verlag.

[110] Arrow K., 1962, "The Economic Implications of Learning by Doing", *Review of Economic Studies*, 29 (3): 155–173.

[111] Au C. C., Henderson J. V., 2006, "Are Chinese Cities Too Small?", *Review of Economic Studies*, 73: 549–576.

[112] Audretsch D., Feldman M., 1996, "R&D Spillovers and the Geography of Innovation and Production", *American Economic Review*, 86: 630–640.

[113] Bacidore J. M., Boquist J. A., Milbourn T. T., Thakor A. V., 1997, "The Search for the Best Financial Performance Measure", *Financial Analysis Journal*, 53: 11–20.

[114] Baldwin R. E., 1999, "Agglomeration and Endogenous Capital", *European Economic Review*, 43 (2): 253–280.

[115] Baldwin R. E., Forslid R., Martin P., Ottaviano G., Robert-Nicoud F., 2003, *Economic Geography and Public Policy*, Princeton, New Jersey: Princeton University Press.

[116] Baldwin R., Martin P., Ottaviano G., 2001, "Global Income

Divergence, Trade and Industrialization: The Geography of Growth Take-off", *Journal of Economic Growth*, 6: 5 – 37.

［117］Baptista R. , Swann P. , 1998, "Do Firms in Clusters Innovate More?", *Research Policy*, 27 (5): 525 – 540.

［118］Barras R. , 1990, "Interactive Innovation in Financial and Business Services: The Vanguard of the Service Revolution", *Research Policy*, 19 (3): 215 – 237.

［119］Berliant M. , Fujita M. , 2008, "Knowledge Creation as a Square Dance on the Hilbert Cube", *International Economic Review*, 49 (4): 1251 – 1295.

［120］Bernstein J. I. , Nadiri I. , 1988, "Interindustry R&D Spillovers, Rates of Return, and Production in High-tech Industries", AEA Papers and Proceedings, 78: 429 – 434.

［121］Castro L. M. , Sanchez A. M. , Criado M. O. , 2011, "Innovation in Services Industries: Current and Future Trends", *Services Industries Journal*, 31 (1): 7 – 20.

［122］Ciccone A. , 2002, "Agglomeration Effects in Europe", *European Economic Review*, 46: 213 – 227.

［123］Ciccone A. , Hall R. E. , 1996, "Productivity and the Density of Economic Activity", *American Economic Review*, 86: 54 – 70.

［124］Cohen W. M. , Levinthal D. A. , 1990, "Absorptive Capacity: A New Perspective on Learning and Innovation", *Administrative Science Quarterly*, 35: 128 – 152.

［125］Combes P. P. , Overman H. G. , 2004, "The Spatial Distribution of Economic Activities in the European Union", in Handbook of Urban and Regional Economics, Vol. 4, Amsterdam: Elsevier.

［126］Davis D. R. , Weinstein D. E. , 1999, "Economic Geography and Regional Production Structure: An Empirical Investigation", *European Economic Review*, 43: 379 – 407.

［127］Davis J. C. , Henderson V. J. , 2008, "The Agglomeration of

Headquarters", *Regional Science and Urban Economics*, 38: 445 – 460.

[128] Démurger S., Sachs J., Woo W., Bao S., Chang G., 2002, "The Relative Contributions of Location and Preferntial Policies in China's Regional Development", *China Economic Review*, 13: 444 – 465.

[129] Dumais G., Ellison G., Glaeser E. L., 1997, "Geographic Concentration as a Dynamic Process", NBER Working Paper, No. 6270.

[130] Duranton G., Puga D., 2000, "Diversity and Specialisation in Cities: Why, Where and When Does it Matter?", *Urban Studies*, 37: 533 – 555.

[131] Duranton G., Puga D., 2005, "From Sectoral to Functional Urban Specialisation", *Journal of Urban Economics*, 57: 343 – 370.

[132] Duranton G., Puga D., 2004, "Micro-foundations of Urban Agglomeration Economies", in Handbook of Urban and Regional Economics, Vol. 4, Amsterdam: Elsevier.

[133] Ellison G., Glaeser E. L., Kerr W. R., 2010, "What Causes Industry Agglomeration? Evidence from Coagglomeration Patterns", *American Economic Review*, 100 (6): 1195 – 1213.

[134] Ellison G., Glaeser E. L., 1999, "The Geographic Concentration of an Industry: Does Natural Advantage Explain Agglomeration", *American Economic Review*, 89: 311 – 316.

[135] Fallick B., Fleischman C., Rebitzer J., 2006, "Job-hopping in Silicon Valley: Some Evidence Concerning the Microfoundations of a High-technology Cluster", *Review of Economics and Statistics*, 88 (3): 472 – 481.

[136] Feldman M., Audretsch D., 1999, "Innovation in Cities: Science-based Diversity, Specialization and Localized Competition", *European Economic Review*, 43 (2): 409 – 429.

[137] Fisman R., Svensson J., 2007, "Are Corruption and Taxaion Really Harmful to Growth? Firm Level Evidence", *Journal of Development Economics*, 83: 63 – 75.

[138] Florida R., Mellander, Stolarick, 2008, "Inside the Black Box of Regional Development: Human Capital, the Creative Class and Tolerance",

Journal of Economic Geography, 8 (5): 615 – 649.

[139] Florida R., 2002, *The Rise of the Creative Class*, New York: Basic Books.

[140] Fogarty M. S., Garofalo G. A., 1978, "Urban Spatial Structure and Productivity Growth in the Manufacturing Sector of Cities", *Journal of Urban Economics*, 23: 60 – 70.

[141] Forslid R., Ottaviano G. I. P., 2003, "An Anaytically Solvable Core-Periphery Model", *Journal of Ecomomic Goegraphy*, 3: 229 – 240.

[142] Freedman M., 2008, "Job Hopping, Earnings Dynamics, and Industrial Agglomeration in the Software Publishing Industry", *Journal of Urban Economics*, 64 (3): 590 – 600.

[143] Fujita M., Henderson J. V., Kanemoto Y., Mori T., 2004, "Spatial Distribution of Economic Activities in Japan and China", in Handbook of Urban and Regional Economics, Vol. 4, Amsterdam: Elsevier.

[144] Fujita M., Mori T., 2005, "Frontiers of the New Economic Geography", *Regional Science*, 84 (3): 377 – 405.

[145] Fujita M., 1997, "Regional growth in postwar Japan", *Regional Science and Urban Economics*, 27: 643 – 670.

[146] Fujita M., Thisse J., 2002, *Economics of Agglomeration*, Cambridge: Cambridge University Press.

[147] Fujita M., 2007, "Towards the New Economic Geography in the Brain Power Society", *Regional Science and Urban Economics*, 37: 482 – 490.

[148] Gerlach H., Ronde T., Stahl K., 2009, "Labor Pooling in R&D Intensive Industries", *Journal of Urban Economics*, 65 (1): 99 – 111.

[149] Ge Y., 2006, "Regional Inequality, Industry Agglomeration and Foreign Trade, the Case of China", UNU-WIDER Working Paper, No. RP2006 /105.

[150] Glaeser E. L., and D. C. Maré, 2001, "Cities and Skills", *Journal of Labor Economics*, 19 (2): 316 – 342.

[151] Glaeser E. L., Kallal H. D., Scheinkman J. A., Shleifer A.,

1992, "Growth in Cities", *Journal of Political Economy*, 100: 1126 – 1152.

[152] Glaeser E. L., 1999, "Learning in Cities", *Journal of Urban Economics*, 46: 254 – 277.

[153] Glaeser E. L., 2004, "Review of Richard Florida's The Rise of the Creative Class", *Regional Science and Urban Economics*, 35: 593 – 596.

[154] Grossman G. M., Esteban Rossi-Hansberg, 2006, "The Rise of Offshoring: It is Not Wine for Cloth Anymore", Proceedings.

[155] Grossman G. M., Helpman E., 1991, *Innovation and Growth in the World Economy*, Cambridge MA: MIT Press.

[156] Hansen H. K., Niedomysl T., 2009, "Migrations of the Creative Class: Evidence from Sweden", *Journal of Economic Geography*, 9: 191 – 206.

[157] Hanson G., 1998, "North American Economic Integration and Industry Location", *Oxford Review of Economic Policy*, 14: 30 – 44.

[158] Harris C. D., 1954, "The Market as a Factor in the Localization of Industry in the United States", *Annals of the Association of American Geographers*, 64: 315 – 348.

[159] Heckman J. J., 2005, "China's Human Capital Investment", *China Economic Review*, 16: 50 – 70.

[160] Helsley R., Strange W., 2002, "Innovation and Input Sharing", *Journal of Urban Economics*, 51: 25 – 45.

[161] Henderson J. V., 1986, "Efficiency of Resource Usage and City Size", *Journal of Urban Economics*, 19: 47 – 70.

[162] Henderson J. V., Kuncoro A., Turner M., 1995, "Industrial Development in Cities", *Journal of Political Economy*, 103: 1067 – 1085.

[163] Henderson J. V., Lee T., Lee Y. J., 1998, "Externalities, Location and Industrial Deconcentration in a Tiger Economy", processed, Brown University.

[164] Henderson J. V., Ono Y., 2008, "Where Do Manufacturing Firms Locate Their Headquarters?", *Journal of Urban Economics*, 63, 431 – 450.

［165］Henderson J. V. , 1974, "The Sizes and Types of Cities", *American Economic Review*, 64（4）: 640 – 656.

［166］Holmes T. J. , Stevens J. J. , 2004, "Spatial Distribution of Economic Activities in North America", in Handbook of Urban and Regional Economics, Vol. 4, Amsterdam: Elsevier.

［167］Hoover E. M. , 1948, *The Location of Economic Activity*, New York: McGraw-Hill.

［168］Hotelling H. , 1929, "Stability in competition", *Economic Journal*, 39: 41 – 57.

［169］Hu D. , 2002, "Trade, Rural-Urban Migration, and Regional Income Disparity in Developing Countries: a Spatial General Equilibrium Model Inspired by the Case of China", *Regional Science and Urban Economics*, 32: 311 – 338.

［170］Jacobs J. , 1969, *The Economy of Cities*, New York: Vintage.

［171］Jaffe A. B. , 1989, "Real Effects of Academic Research", *American Economic Review*, 79（5）: 957 – 970.

［172］Jaffe A. B. , Trajtenberg M. , Henderson R. , 1993, "Geographic Localization of Knowledge Spillovers as Evidenced by Patent Citations", *Quarterly Journal of Economics*, 108: 577 – 598.

［173］Jansen J. J. P. , Volberda H. W. , 2005, "Managing Potential and Realized Absorptive Capacity: How Do Organizational Antecedents Matter?", *Academy of Management Journal*, 48（6）: 999 – 1015.

［174］Keely L. , 2003, "Exchanging Good Ideas", *Journal of Economic Theory*, 111（2）: 192 – 213.

［175］Keller W. , 2002, "Trade and Transmission of Technology", *Journal of Economic Growth*, 7（1）: 5 – 24.

［176］Khan V. S. , Vives X. , 2004, "Why and Where do Headquarters Move?", CEPR Discussion Papers, No. 5070.

［177］Kim S. , 1999, "Regions Resources and Economic Geography: Sources of US Regional Comparative Advantage, 1880 – 1987", *Regional Sci-*

ence and Urban Economics, 29: 1 – 32.

[178] Kolko J. , 1999, *Can I Get Some Service Here? Information Technologies, Service Industries and the Future of Cities*, Cambridge, MA: Harvard University.

[179] Koo J. , 2005, "Agglomeration and Spillovers in a Simultaneous Framework", *Annual of Regional Science*, 39: 35 – 47.

[180] Krugman P. , 1991, "Increasing Returns and Economic Geography", *Journal of Political Economy*, 99 (3): 483 – 499.

[181] Krugman P. , Livas R. E. , 1996, "Trade Policy and the Third World Metropolis", *Journal of Development Economics*, 49 (1): 137 – 150.

[182] Krugman P. , 1980, "Scale Economies, Product Differentiation, and the Pattern of Trade", *American Economic Review*, 70: 950 – 959.

[183] Krugman P. , Venables A. J. , 1995, "Globalization and the Inequality of Nations", *Quarterly Journal of Economics*, 60: 857 – 880.

[184] Lewin A. Y. , Massini S. , Peeters C. , 2009, "Why Are Companies Offshoring Innovation? The Emerging Global Race for Talent", *Journal of International Business Studies*, 40 (6): 901 – 925.

[185] Li H. , Zhou L. A. , 2005, "Political Turnover and Economic Performance: The Incentive Role of Personnel Control in China", *Journal of Public Economics*, 89: 1743 – 1762.

[186] Lin H. L. , Li H. Y. , Yang C. H. , 2011, "Agglomeration and Productivity: Firm-Level Evidence from China's Textile Industry", *China Economic Review*, 22 (3): 313 – 329.

[187] Long C. , Zhang X. , 2012, "Patterns of Industrialization: Concentration, Specialization and Clusters", *China Economic Review*, 23: 593 – 612.

[188] Losch A. , 1939, *The Economics of Location*, New Haven, CT: Yale University Press.

[189] Love I. , Preve L. A. , Sarria-Allende V. , 2007, "Trade Credit and Bank Credit: Evidence from Recent Financial Crisis", *Journal of Financial Economics*, 83: 453 – 469.

[190] Marlet G., van Woerkens C., 2004, "Skills and Creativity in a Cross-Section of Dutch Cities", Discussion Paper Series, Koopmans Research Institute, Utrecht, 4 – 29.

[191] Marshall A., 1920, *Principles of Economics*, London: MacMillan.

[192] Martin P., Ottaviano G., 1999, "Growing Locations: Industry in a Model of Endogenous Growth", *European Economic Review*, 43: 281 – 302.

[193] Melitz M. J., 2003, "The Impact of Trade on Intra-Industry Reallocations and Aggregate Industry Productivity", *Econometrica*, 71 (6): 1695 – 1725.

[194] Moomaw R. L., 1981, "Productivity and City Size: A Review of the Evidence", *Quarterly Journal of Economics*, 96: 675 – 688.

[195] Nakamura R., 1985, "Agglomeration Economies in Urban Manufacturing Industries: A Case of Japanese Cities", *Journal of Urban Economics*, 17: 108 – 124.

[196] Nieto M., Quevedo P., 2005, "Absorptive Capacity, Technological Opportunity, Knowledge Spillovers, and Innovative Effort", *Technovation*, 25: 1141 – 1157.

[197] O'Sullivan A., 2011, *Urban Economics*, New York: McGraw-Hill Education.

[198] Ottaviano G. I. P., 2001, "Monopolistic Competition, Trade, and Endogenous Spatial Fluctuations", *Regional Science and Urban Economics*, 31: 51 – 77.

[199] Ottaviano G. I. P., Pinelli D., 2006, "Market Potential and Productivity: Evidence from Finnish Regions", *Regional Science and Urban Economics*, 36: 636 – 657.

[200] Ottaviano G. I. P., Tabuchi T., Thisse J. – F., 2002, "Agglomeration and Trade Revisited", *International Economic Review*, 43: 409 – 436.

[201] Ottaviano G. I. P., Thisse J. – F., 2004, "Agglomeration and Economics Geography", in Handbook of Urban and Regional Economics, Vol. 4, Amsterdam: Elsevier.

[202] Paluzie E. , 2001, "Trade Policy and Regional Inequalities", *Regional Science*, 80: 67 – 85.

[203] Porter M. , 1998, "Clusters and the New Economics of Competition", *Harvard Business Review*, 6: 77 – 90.

[204] Porter M. , 1990, *The Competitive Advantage of Nations*, New York: The Free Press.

[205] Potts J. , Mandeville T. , 2007, "Toward an Evolutionary Theory of Innovation and Growth in the Service Economy", *Prometheus*, 25 (2): 147 – 159.

[206] Rausch S. , Negrey C. , 2006, "Does the Creative Engine Run? A Consideration of the Effect of Creative Class on Economic Strength and Growth", *Journal of Urban Affairs*, 2 (5): 473 – 489.

[207] Rizov M. , Oskamrie A. , Walsh P. , 2012, "Is There a Limit to Agglomeration? Evidence from Productivity of Dutch Firms", *Regional Science and Urban Economics*, 42 (4): 595 – 606.

[208] Robert-Nicoud F. , 2002, "A Simple Geography Model with Vertical Linkages and Capital Mobility", in New Economic Geography: Welfare, Multiple Equilibria and Political Economy, PhD Thesis, London School of Economics.

[209] Romer P. , 1986, "Increasing Returns and Long-run Growth", *Journal of Political Economy*, 94 (1): 1002 – 1038.

[210] Rosenthal S. S. , Strange W. C. , 2002, "Agglomeration, Labor Supply, and The Urban Rat Race", Syracuse University Working Paper, NO. 57.

[211] Rosenthal S. S. , Strange W. C. , 2004, "Evidence on the Nature and Sources of Agglomeration Economies", in Handbook of Urban and Regional Economics, Vol. 4, Amsterdam : Elsevier.

[212] Rosenthal S. S. , Strange W. C. , 2003, "Geography, Industrial Organization, and Agglomeration", *Review of Economics and Statistics*, 85 (2): 377 – 393.

[213] Rosenthal S. S. , Strange W. C. , 2001, "The Determinants of

Agglomeration", *Journal of Urban Economics*, 50: 191 – 229.

[214] Saxenian, 1994, *Regional Advantage: Cultural and Competition in Silicon Valley and Route* 128, Cambridge, MA: Harvard University.

[215] Schultz T., 1961, "Investment in Human Capital", *American Economic Review*, 51 (5): 1 – 17.

[216] Scitovsky T., 1954, "Two Concepts of External Economy", *Journal of Political Economy*, 62: 143 – 151.

[217] Scott A. J., 2006, "Creative Cities: Conceptual Issues and Policy Questions", *Journal of Urban Affairs*, 28: 1 – 17.

[218] Segal D., 1976, "Are there Returns to Scale in City Size?", *Review of Economics and Statistics*, 58: 339 – 350.

[219] Shefer D., 1973, "Localization Economies in SMSAs: a Production Function Analysis", *Journal of Regional Science*, 13: 55 – 64.

[220] Shorrocks A . F., 1999, "Decomposition Procedures for Distributional Analysis: A Unified Framework Based on the Shapley Value", Unpublished Manuscript, Department of Economics, University of Essex.

[221] Sjoberg O., Sjohoim F., 2004, "Trade Liberalization and the Geography of Production: Agglomeration, Concentration and Dispersal in Indonesia's Manufacturing Industry", *Economic Geography*, 80: 287 – 310.

[222] Sverikauskas L., 1975, "The Productivity of Cities", *Quarterly of Journal of Economics*, 89: 393 – 413.

[223] Tiebout C. M., 1956, "A Pure Theory of Local Expenditures", *Journal of Political Economy*, 64: 416 – 424.

[224] Venables A. J., 1996, "Equilibrium Locations of Vertically Linked Industries", *International Economic Review*, 37: 341 – 359.

[225] Wan G., 2004, "Accounting for Income Inequality in Rural China", *Journal of Comparative Economics*, 32 (2): 348 – 363.

[226] Wang J., 2013, "The Economic Impact of Special Economic Zones: Evidence from Chinese Municipalities", *Journal of Development Economics*, 10: 133 – 147.

［227］Weber A. , 1929, *Theory of the Location of Industries*, Chicago: University of Chicago Press.

［228］Xu X. , Wang Y. , 1999, "Ownership Structure and Corporate Governance in Chinese Stock Companies", *China Economic Review*, 10: 75 –98.

［229］Yasuda T. , 2005, "Firm Growth, Size, Age and Behavior in Japanese Manufacturing", *Small Business Economics*, 24 (2): 1 –15.

［230］Zahra S. A. , George G. , 2002, "Absorptive Capacity: A Review, Reconceptualization and Extension", *Academy of Management Review*, 27: 185 –203.

后　记

　　我在南京大学攻读博士学位期间，主要研究集聚外部性问题，博士论文即涉及集聚外部性对城市和制造业发展的影响。2015 年博士毕业后，我继续从集聚外部性视角分析服务业集聚区的经济效应。现将上述研究内容加以整合，就有了读者面前的这本书。

　　在本书付梓之际，感谢我求学、工作期间的各位老师，他们是南京财经大学宣烨教授、南京大学高波教授、陕西师范大学王琴梅教授。

　　感谢我的父母无私的关爱和支持。愿我的不懈努力，能给他们辛劳的一生带去些许安慰。

　　最后，感谢经济科学出版社初少磊女士出色的编辑工作。

王猛

2019 年 6 月于西安

图书在版编目（CIP）数据

集聚外部性与中国城市和产业发展／王猛著．—北京：
经济科学出版社，2019.7
ISBN 978 - 7 - 5218 - 0716 - 5

Ⅰ.①集…　Ⅱ.①王…　Ⅲ.①城市经济－产业发展－
研究－中国　Ⅳ.①F299.21

中国版本图书馆 CIP 数据核字（2019）第 151002 号

责任编辑：初少磊
责任校对：郑淑艳
责任印制：李　鹏

集聚外部性与中国城市和产业发展
王　猛　著
经济科学出版社出版、发行　新华书店经销
社址：北京市海淀区阜成路甲 28 号　邮编：100142
总编部电话：010 - 88191217　发行部电话：010 - 88191540
网址：www.esp.com.cn
电子邮箱：esp@ esp.com.cn
天猫网店：经济科学出版社旗舰店
网址：http://jjkxcbs.tmall.com
北京季蜂印刷有限公司印装
710×1000　16 开　11.5 印张　180000 字
2019 年 8 月第 1 版　2019 年 8 月第 1 次印刷
ISBN 978 - 7 - 5218 - 0716 - 5　定价：48.00 元
（图书出现印装问题，本社负责调换。电话：010 - 88191510）
（版权所有　侵权必究　打击盗版　举报热线：010 - 88191661
QQ：2242791300　营销中心电话：010 - 88191537
电子邮箱：dbts@ esp.com.cn）